DO SEDENTÁRIO AO ATLETA

CROSS TRAINING

SISTEMA DE PREPARAÇÃO GERAL

© Copyright 2023 Henrique Dantas Pinto

Produção e Coordenação Editorial: Ofício das Palavras
Diagramação: Mariana Fazzeri

Ofício das Palavras
literatura a quatro mãos

www.oficiodaspalavras.com.br

Dados Internacionais de Catalogação na Publicação (CIP)
(eDOC BRASIL, Belo Horizonte / MG)

Pinto, Henrique Dantas.

P659d
Do sedentário do atleta cross training: sistema de preparação geral / Henrique Dantas Pinto. - São José dos Campos (SP): Ofício das Palavras, 2023.

332 p.: 16 x 23 cm
Bibliografia: p. 329-332
ISBN 978-65-86892-74-1
1. Esportes. 2. Condicionamento físico. 3. Saúde. I. Título.
CDD 613.7

HENRIQUE DANTAS PINTO
DOUTOR EM CIÊNCIAS DA REABILITAÇÃO

A World Cross Training Association (WCTA), reconhece a qualidade desta obra, e recomenda sua leitura a todos os profissionais da área e praticantes da modalidade.

Alexandre F. Machado
Representante oficial da WCTA no Brasil
Doutor em Educação Física
Pesquisador Visitante UFES

Prefácio

É com muita honra e grande satisfação que apresento a você este belo e riquíssimo livro *Cross Training: do sedentário ao atleta*, escrito pelo grande amigo de profissão e de vida Henrique Dantas, que logo no início já nos "desafia" a abrir a mente para o novo sem deixar de revisitar todo conhecimento já adquirido.

De forma ética e sem soberba, esta obra é um guia completo para aqueles que desejam conhecer, entender, aprender, experimentar e utilizar o *Cross Training* como um "sistema que mescla diferentes métodos de treinamento para desenvolver a aptidão física" na prescrição dos programas de treino de qualquer pessoa com os mais diversos objetivos e necessidades. E até mesmo para você já conhece *Cross Training* e o utiliza na prescrição dos programas de treino dos seus alunos, acredito que muitas das informações poderão elevar ainda mais seu nível de conhecimento.

Quando o assunto é "Movimento x Prevenção de Lesão x Treinamento", o meu amigo doutor Henrique Dantas possui uma vasta experiência, pois ele teve a oportunidade de ocupar os "três" lados da mesma moeda ao viver uma longa carreira como atleta de alto rendimento integrando a Seleção Brasileira de Rugby, como competente treinador/*personal* trainer não só de atletas (amadores/alto rendimento) de diversas modalidades, mas também de pessoas que buscam melhorar a forma física e qualidade de vida e como um incansável pesquisador, que no atual momento lhe garante o título de doutor em Ciências da Reabilitação.

Destaco como principal característica do meu amigo a preocupação em entregar o melhor e mais seguro sistema de treino para seus alunos sempre combinando ciência x prática ou prática x ciência e que gentilmente compartilha neste livro.

Como sugestão insisto que você domine o conteúdo do *Cross Training* I não só para ter mais segurança e propriedade ao explicar e oferecer o sistema para novos alunos, mas principalmente para adquirir todo conhecimento necessário antes de avançar para os conteúdos robustos do *Cross Training* II e *Cross Training* III.

Em nome de todos os profissionais de Educação Física agradeço ao Prof. Dr. Henrique Dantas por sua paixão, experiência e vasto conhecimento prático e teórico com o leitor deste livro. Tenho certeza que esta obra vai inspirar e ajudar muitas pessoas a descobrirem os benefícios do *Cross Training*, a adotar um estilo de vida mais saudável e a alcançar seus objetivos de forma segura, eficiente e divertida.

Mantenha sua mente aberta para o novo, mas lembre-se: "...é preciso fazer um contraponto com o seu conhecimento anterior, para então tirar suas conclusões".

Boa leitura, boas aulas e bons treinos!

Atenciosamente,
Professor Artur Hashimoto Inoue

Introdução
SUSPENSÃO DE CRENÇA

A suspensão de crenças limitantes é fundamental para quem pretende iniciar uma atividade que não domina.

Desta forma o conteúdo será realmente aproveitado ao máximo. A suspensão de crença consiste em eliminar voluntariamente todos os conceitos anteriores e aceitar como verdade o que se estuda, para absorver o máximo de informações. Em seguida, é preciso fazer um contraponto com o seu conhecimento anterior, para então tirar suas conclusões.

As pessoas que se abrem para o primeiro contato com o *Cross Training* de mente aberta, se surpreendem positivamente e mudam a maneira de ver a metodologia.

No mercado *fitness* existem muitos erros decorrentes das mentalidades que não evoluíram profundamente. É necessário acompanhar as mudanças do treinamento desportivo e não estagnar em uma visão limitada da hipertrofia que usa as ferramentas do *Cross* como o modelo mais popular da musculação. Por outro lado, existe a visão gerada pelo *CrossFit®*, que sistematizou um modelo padrão de treinamento cruzado, fazendo com que os treinadores que conheceram o *Cross Training*, por meio dessa metodologia, o considerem um modelo único.

A minha proposta com o conteúdo deste livro é expandir a consciência do leitor.

Desejo que todos possam ampliar seus conhecimentos, tendo acesso a ferramentas que sejam aplicadas em diversas possibilidades do mercado.

Na sala de estar do seu cliente idoso, em um box, ou ainda na sala de musculação, o que pretendo é, de maneira sensível, aumentar o nível de conhecimento dos profissionais.

Mostrarei como conseguimos, com um único sistema, abranger todo o mercado, desde pessoas sedentárias que estão aprendendo a se movimentar até atletas de alto rendimento.

Provavelmente você encontrará aqui algo novo, uma outra forma de realizar, enxergar e tratar o treinamento desportivo. Tudo que escrevo vem sendo aplicado na prática, com ótimos resultados, há mais de oito anos e também são fundamentados em métodos de treinamento com profissionais qualificados, como Antônio Carlos Gomes, Michael Boyle, Louie Simmons, James FitzGerald, entre outros influenciadores potentes.

A partir de agora pratique a suspensão de crença e absorva ao máximo todas as informações aqui compartilhadas. Vou falar de um universo imenso que é o *Cross Training*. Quero que, a todo instante, você pense qual é sua realidade, como é o seu dia a dia e veja se o que está lendo se encaixa e como se adapta à sua realidade.

Falarei o que é o *Cross*, porque é importante dominá-lo, além de diferenciar *Cross* de treinamento funcional e base conceitual de sistema.

A mentalidade é o que te faz decolar ou não decolar, continuar com a mentalidade de um modelo tradicional te impede de aplicar o sistema de maneira completa e eficaz.

Aqui faço um acordo com você, não deixe passar nenhuma dúvida, pense na sua realidade, e de como aplicar as técnicas no seu dia a dia.

ROSSCROS
AININGTRAININ
ROSSCROS
AININGTRAININ
ROSSCROS
AININGTRAININ
ROSSCROS
AININGTRAININ
ROSSCROS
AININGTRAININ
ROSSCROS

CROSS TRAINING I

O QUE É *CROSS TRAINING*?

Foster (1994) define o *Cross Training* como:

> **Método que utiliza uma modalidade esportiva para desenvolver outra.**

Por exemplo, o levantamento de peso olímpico para desenvolver um atleta do ciclismo, ou quando utilizamos o *powerlifting* para melhorar a força de um atleta de futebol.

Segunda Tanaka (1994), é uma abordagem amplamente utilizada para estruturar um programa de treinamento que melhora o desempenho competitivo, em um esporte específico, treinando uma variedade de esportes.

> **Aqui notamos que o autor define o *Cross Training* como um programa de treinamento, ou seja, ele tem uma visão mais ampla.**

A terceira definição que trago é de Bulk (1994):

Para ele é uma técnica que utiliza várias atividades para alcançar uma aptidão do corpo.

Em outras palavras, praticar atividades para desenvolver a capacidade do corpo. Esta definição chega mais perto do modelo que temos hoje no *Cross Training*, que consiste em melhorar o poder do corpo, não necessariamente utilizado em atletas.

Eu defino o *Cross Training* como um sistema que mescla diferentes métodos de treinamento para desenvolver a aptidão física.

É a minha contribuição para o mercado. Até hoje não vi nenhuma definição que se encaixe melhor com o que temos feito atualmente, desde métodos mais lúdicos até os mais avançados. E por que sistema? Porque é algo que tem uma enorme mobilidade e capacidade de adaptação a diversas demandas e necessidades dos clientes, e também da capacidade de aplicação do profissional. Não é algo engessado, como um método ou técnica.

Quando falamos em desenvolver aptidão física, falamos da preparação geral do treinamento desportivo, que consiste em buscar a capacidade de realizar a prática esportiva com menor esforço e melhor resultado. Atualmente, 90% dos atletas, independente da modalidade, estão utilizando Cross Training na fase de preparação. Isto é, utilizando diferentes métodos de treinamento para desenvolverem a aptidão geral.

Entre o público comum, de não atletas, o que queremos é desenvolver a aptidão física, por isso o *Cross* cresce tanto no mercado, porque obtemos resultado consistentes, ou seja, funciona.

HISTÓRIA

O *Cross Training* não é uma novidade, é utilizado há muito tempo, começou no treinamento dos gregos antigos, que nos Jogos Olímpicos antigos na Grécia, o mesmo atleta competia em todas as modalidades.

Na era moderna, desde o final de 1800, iniciou-se a teoria da preparação de atletas completos. Os resultados mostraram que quando preparavam o atleta para uma modalidade específica, ele conseguia melhorar em outras também.

Para exemplificar, cito o nome de Carl Schuhmann, atleta que ganhou medalha de ouro na luta greco-romana e também três medalhas na ginástica durante a primeira Olimpíada da era moderna. Ele competiu na luta greco-romana, no atletismo e na ginástica olímpica no cavalo.

Essa teoria acabou sendo deixada de lado, porque o foco era ganhar a medalha, dando início, a partir de 1920, a era da especialização dos atletas. O pensamento era não perder tempo treinando e sim garantir pelo menos uma medalha.

Porém, com a evolução do treinamento desportivo, principalmente na Rússia, ampliou-se o desenvolvimento do conceito de preparação geral antecedendo a preparação especial, como vemos nas obras de Matveiev, Verjoshanski, Zarharov, entre outros treinadores, que já pregavam a importância da preparação geral para desenvolvimento da aptidão física.

A preparação de atletas tinha como foco melhorar as capacidades físicas específicas da modalidade e o *Cross Training* difundiu a utilização de outros métodos para desenvolver uma capacidade física secundária, mas necessária para o atleta, porém era restrito ao universo atletas profissionais.

Pessoas comuns dificilmente tinham acesso a esse tipo de prática. Apesar de existir literatura específica explicando como poderia ser utilizado no público geral. Destaco aqui o livro do Antônio Carlos Gomes e Ney Pereira, *Cross Training – Uma abordagem metodológica* (1992).

Lembro que em 1999 durante os treinamentos na Academia Cia Athletica, me perguntavam como era o meu treino e eu respondia: "Ah, isso é treino de atleta!". Fazíamos na segunda e terça-feira um treino pesado de força, na quarta e quinta-feira treinos com elementos de potência e jogávamos aos sábados, e realmente era um universo específico dos atletas.

O mercado *fitness* mudou com a entrada colossal do *Cross-Fit*®, que prega a **utilização na preparação dos atletas mesclan-**

do treinamento de força, atletismo e movimentos com o peso corporal.

Uma pessoa comum na academia, fazia a musculação tradicional desenvolvida pela escola Arnold, se não gostava não treinava, jogava futebol no final de semana, fazia *cooper*, nadava, etc. Quem tem mais de 40 anos sabe que era assim. Mas quem foi atleta já vivenciava um pouco do que o *CrossFit*® apresentava.

O método *Crossfit®*,
que não para de crescer,
em resumo, é um treinamento
funcional de alta intensidade e
constante variação.

ROSSCROSS
AININGTRAINING
ROSSCROSS
AININGTRAINING
ROSSCROSS
AININGTRAINING
ROSSCROSS
AININGTRAINING
ROSSCROSS
AININGTRAINING
ROSSCROSS
AININGTRAINING

CROSSFIT® É IGUAL A CROSS TRAINING?

O *CrossFit*® se apoia em três pilares: o treinamento funcional, a alta intensidade e a constante variação.

| treinamento funcional | alta intensidade | constante variação |

Quando se determina que o treinamento será constantemente variado, quer dizer que cada dia terá um treino diferente, com uma ênfase maior em treinar uma determinada capacidade física, isto é o que dá o nome de *Cross*, é a parte baseada no método cruzado utilizado há muito tempo em atletas.

Já o universo *Cross Training* é muito mais variado, porém quando o assunto é a intensidade o *Crossfit*® a escala é mais elevada e mais intensa.

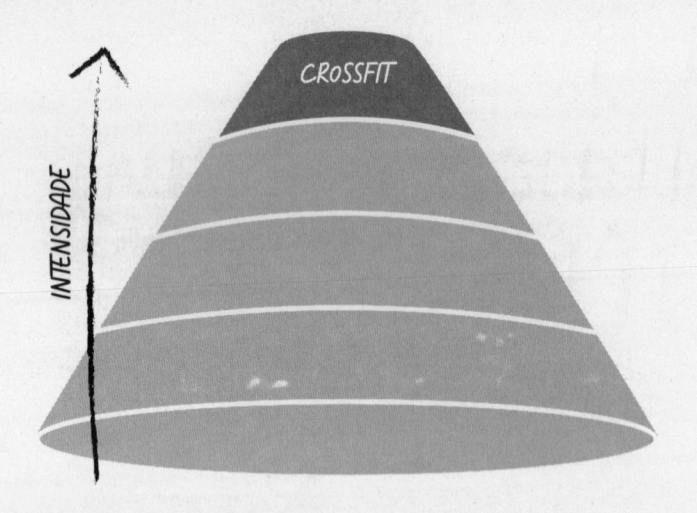

Acredito até que existam alguns métodos mais intensos, mas não descritos e padronizados, como é o *CrossFit*®. Por exemplo o MMA (artes marciais mistas), hoje treinam em intensidade altíssimas, mas com uma variedade um pouco menor e não tem ninguém escrevendo e padronizando, como o *CrossFit*® fez.

A mágica de Greg Glassman foi ter descrito um modelo de *Cross Training* que possibilitou que todos replicassem. Tem o lado ruim, porque muitos replicaram obrigando os alunos a colocar a intensidade lá em cima, porque isso é um dos pilares do *CrossFit*®, mas sem estarem devidamente preparados para isso.

CONFUSÃO DE TERMOS

Particularmente no Brasil, aconteceu um fenômeno interessante, não sei se ocorreu em outros lugares do mundo. Por questões econômicas, muitos têm dificuldades em pagar a filiação do *CrossFit*®. Querem usar o nome mas não podem, então usavam *Cross* alguma coisa. *CrossX*, ou qualquer outro final, mas que remetesse ao nome da marca, sem utilizá-la.

Aqueles que se formaram já com o *CrossFit*® difundido no mercado não perceberam, e na confusão, acabaram fazendo uma mistura achando que o *CrossFit*® é o *Cross Training*, se limitando a utilizar um modelo do *CrossFit*®, que é um modelo excelente, mas não é o único e nem o mais aplicável.

Além de não ser o único modelo, o seu cliente pode não estar preparado para ter aquela intensidade ou amplitude de movimentos, por exemplo. E com o crescimento dos jogos *CrossFit Games*®, muitos treinadores aplicaram em seus alunos movimentos daquele padrão, não sabendo diferenciar, causando lesões e, com razão, recebendo muitas críticas.

> ***Cross Training* não é *CrossFit*®.**
> ***CrossFit*® é um método de *Cross Training*.**

No *Cross Training* existe uma amplitude maior para trabalhar com os alunos. O atleta de outra modalidade não irá treinar *CrossFit*® o ano inteiro, em algum momento será necessário fazer uma preparação especial e um período pré-competitivo e competitivo com elementos específicos do esporte.

Eventualmente será necessário retirar alguns elementos que não são importantes para aquele atleta especificamente naquele momento e eliminando o risco de lesão.

Vamos exemplificar. Por que você colocaria um atleta de futebol para fazer *snatch*? Na preparação geral, sim, talvez, mas na preparação especial não. É um movimento técnico que exige muito e não é específico do futebol, então no momento de preparação especial são retirados alguns elementos de ginástica, já na preparação geral pode ser interessante.

Outro ponto, no caso dos jovens, hoje em dia em alguns lugares não tem mais educação física escolar. Um jovem de 16 anos, parado há muito tempo, só no celular, imagine colocá-lo direto para fazer esse movimento, o risco de lesão é alto, é necessária uma preparação.

Existe uma amplitude muito grande de métodos que podem ser aperfeiçoados, desenvolvidos e que se encaixam com o seu público e com o seu nicho.

Gosto de trabalhar com pelo menos três níveis.

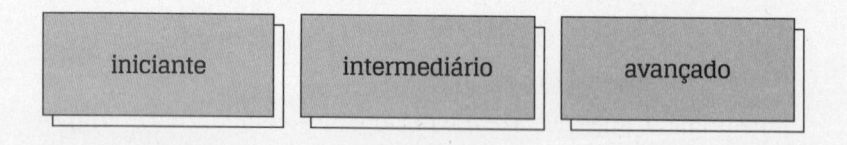

| iniciante | intermediário | avançado |

Um iniciante que não faz nada de *CrossFit*®, só aprende a se movimentar, antes disso só o pilates e fisioterapia. Depois, um nível intermediário, um treinamento um pouco mais avançado, começando a ter amplitude e experimentando movimentos de ginástica, ainda com pouca força, alguns movimentos com potência de quadril, mas ainda sem levantamento de peso e movimentos ginásticos com *kipping*. E finalmente o avançado, que pode ser o *CrossFit®* ou algo mais específico, mas que exige boa capacidade de suportar treinos de alta intensidade, boa mobilidade e uma boa experiência.

Algumas pessoas não gostam de *CrossFit®*, portanto sugiro que tenha um outro programa de treino para oferecer. 70% dos meus alunos não querem sair do intermediário porque não querem aquela intensidade, não querem subir na corda, sentir dor nas mãos, ou qualquer outra dor. Quem tem o espírito *CrossFit®* sobe na corda, se rala, abre a mão, e depois tira foto.

Domine vários métodos, por necessidade ou preferência, o seu cliente irá se encaixar melhor e isso abrange a sua capacidade de captação de diferentes alunos.

O *Cross Training* é muito mais que um nicho!

Um dos idosos que acompanho, iniciou comigo aos 68 anos, praticava somente caminhada e flexão de braço. Aos 75 ele já correu uma meia-maratona, meia-maratona de montanha, Corrida de São Silvestre, remada de oito quilômetros, levantamento de peso, faz *deadlift* e *pushpress*.

Você deve se encaixar
de acordo com o método que
você domina.

O tipo de visual que o *CrossFit®* divulgou, a estética do ginásio que ele espalhou, é excelente, porque desmistificou aquele conceito de que academia tem que ter aparelho.

Antigamente seria impensável para um aluno entrar em uma academia e não ver aparelhos, hoje todo mundo reconhece esse modelo, mas existe muita confusão.

ROSSCROSS
AININGTRAINING
ROSSCROSS
AININGTRAINING
ROSSCROSS
AININGTRAINING
ROSSCROSS
AININGTRAINING
ROSSCROSS
AININGTRAINING
ROSSCROSS
AININGTRAINING

A MÁQUINA É VOCÊ

Somos treinadores e devemos estar preparados para a demanda do mercado. Recebemos alunos com sobrepeso, diabéticos, hipertensos, crianças, adolescentes, idosos, clientes com hérnia de disco na lombar ou no pescoço. Esse é o nosso dia a dia.

O mercado é variado, muitos querem exercícios para perder peso, outros buscam um treinamento funcional, exercícios e esportes para crianças, treinamento com peso corporal, treinamentos com pequenos grupos, e o *Cross Training* engloba todos.

Indico o livro *HIIT*, do Prof. Doutor Alexandre Machado, e também compre um livro de treinamento de força - para dominar o treinamento de força - faça um curso de *Kettlebell*, um curso de ginástica, domine a ginástica você mesmo.

Depois de cinco, 10 anos no mercado, estará dominando toda a preparação física e a calistenia (os movimentos com o peso corporal).

ROSSCROSS
AININGTRAINING
ROSSCROSS
AININGTRAINING
ROSSCROSS
AININGTRAINING
ROSSCROSS
AININGTRAINING
ROSSCROSS
AININGTRAINING
ROSSCROSS
AININGTRAINING

POR QUE TEMOS QUE DOMINAR O *CROSS TRAINING?*

Como acha que será mais valorizado? Quando seu aluno treinar na máquina ou quando fizer movimentos com peso livre?

A nossa área é prestadora de serviço e o modelo que mais vigora é a cobrança por hora aula. O dia tem 24 horas, se não conseguir aumentar a sua hora aula irá ganhar pouco, então busque a sua **valorização profissional**.

Por isso, precisa dominar as técnicas, ensinar o aluno a se movimentar e a movimentar os pesos externos.

Se colocá-lo em uma máquina, qualquer computador poderá imprimir o treino dele, como acontece nas academias *lowcost* (as *fits* do mercado): vá na máquina 10, ajuste oito... qualquer máquina faz isso.

Seja um diferencial para o seu cliente.

Você será mais valorizado quando trocar de treino a cada duas, seis semanas ou quando trocar todo dia? Sim, será mais trabalhoso. Antigamente o controle do treino era pela famosa ficha, eram três meses fazendo a mesma série e se não gostava de perna ficava três meses sem fazer.

Será mais valorizado se trabalhar esculpindo corpo ou se trabalhar com saúde, condicionamento físico e envelhecimento saudável? Obviamente, é a segunda opção. Mas existe uma exceção aqui, se você é fisiculturista e tem o corpo todo esculpido será valorizado, porque está tão nichado que as pessoas irão te procurar por isso.

O caminho é o da saúde, do condicionamento para o aluno conseguir fazer uma corrida de final de semana, uma travessia de rio, diminuir a glicemia, diminuir a pressão alta, brincar com filho, envelhecer com saúde.

O caminho é dominar os métodos que o *Cross Training* nos oferece.

MALHAR X TREINAR

Uma das grandes mudanças de mentalidade dos últimos anos, tanto dos atletas como das pessoas comuns, foi o conceito de treino e não de malhação.

Tive a experiência de treinar uma atleta profissional de moto e melhor piloto de *rally* do Brasil, em um certo momento ela me disse: "eu já treinei em uma academia, mas lá era muito malhação! E como eu sou atleta, sempre digo que eu treino, não malho!".

Nunca tinha pensado por esse lado. E ela completou, "malhar é ruim, o que se malha é o Judas". O negócio é fazer nossos alunos treinarem.

Temos que levar a mentalidade para o nosso aluno, por mais simples que seja o treino dele, por mais lúdico, como no caso das crianças, nossos clientes precisam saber que naquela hora eles estão treinando.

"Treinar envolve a função em primeiro lugar. O resultado está totalmente vinculado com a seriedade com que faz o treino, envolve o desenvolvimento de técnica, exige paciência. Treinar é sempre um desafio, com testes, planejamento, rotina, feedback e evolução para o aluno. Treinar gera resultado!".

Malhar está ligado a modismo,
treinar está ligado a performance,
longevidade e saúde.

CROSS TRAINING É TREINAMENTO FUNCIONAL?

Cross Training é um sistema com diferentes métodos de treinamento para desenvolver a aptidão física.

Precisamos dominar vários métodos para conseguir desenvolver capacidades físicas diferentes.

É possível treinar *Cross Training* na sala de musculação, inclusive temos um capítulo dedicado ao tema, mas existem muitas outras ferramentas dentro do treinamento funcional.

"Entenda isso, *Cross Training* não se restringe ao treinamento funcional, mas você ganha muitas ferramentas ao utilizar o sistema em um modelo funcional".

No dicionário o termo funcional é definido como: "o que foi desenvolvido para ter alguma função, para obter o máximo da capacidade, da utilidade".

Algo é funcional quando atinge
o máximo da capacidade e utilidade
para o qual foi desenvolvido.

A musculação, como modelo de treinamento, não alcança o treino em sua total capacidade porque limita o corpo ao ângulo da máquina. No sentido mais amplo, a musculação pode ser funcional para um fisiculturista que deseja detalhar o corpo, mas quando falamos de treinamento funcional queremos o máximo das capacidades que o corpo foi desenvolvido.

Recomendo que assista ao documentário *Pump Iron (O homem de Músculos de Ferro)* do ator Arnold Schwarzenegger, e veja como era basicamente peso livre, tinha uma ou outra máquina, no finalzinho do treino. A hipertrofia não é exclusividade da musculação, temos um programa de hipertrofia, que se chama *Box Bodybuilding*, totalmente funcional.

O treinamento funcional visa treinar o movimento, o cérebro e, como consequência, o músculo.

A ideia é desenvolver a função, desde um simples agachar, um simples caminhar, até funções bem mais complexas como movimentos desenvolvidos por atletas.

O treinamento funcional, enquanto modelo de treinamento, engloba vários métodos. Essa é uma das características que se encaixa com o *Cross Training*. Não é exclusividade de treinamento funcional, mas visa o desenvolvimento da função do corpo. Desenvolver várias capacidades desde mobilidade até a força (falaremos mais adiante sobre as capacidades), então o treinamento funcional se adequa com o *Cross Training*.

Você que trabalha com musculação comece a estudar o treinamento funcional, extraia tudo e perceba que é melhor começar ali em alguns casos. Note que você terá um diferencial do colega ao lado. Quando colocado o treino de *Cross Training* na sala de musculação as pessoas irão olhar para você e perguntar, "qual é esse treino?" (Voltaremos a isso em um capítulo mais adiante).

ROSSCROSS
AININGTRAININ
ROSSCROSS
AININGTRAININ
ROSSCROSS
AININGTRAININ
ROSSCROSS
AININGTRAININ
ROSSCROSS
AININGTRAININ
ROSSCROSS
AININGTRAININ

AS FUNÇÕES DO CORPO

As principais funções do corpo são ficar de pé e caminhar. E a partir daí, correr, sustentar objetos, saltar.

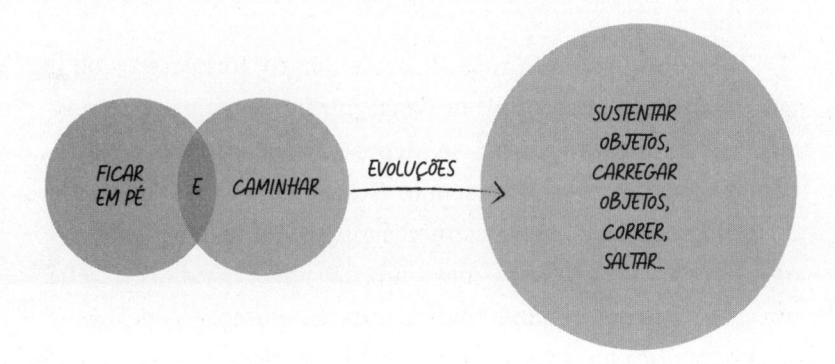

FICAR EM PÉ — E — CAMINHAR → EVOLUÇÕES → SUSTENTAR OBJETOS, CARREGAR OBJETOS, CORRER, SALTAR...

Após poucas semanas do nascimento, a criança começa a sustentar a cabeça, de barriga para cima ela está treinando o *Core* frontal, depois consegue virar e ficar em decúbito frontal. Ainda não engatinha, mas tenta levantar e está fortalecendo os eretores da espinha e toda a musculatura da cadeia posterior.

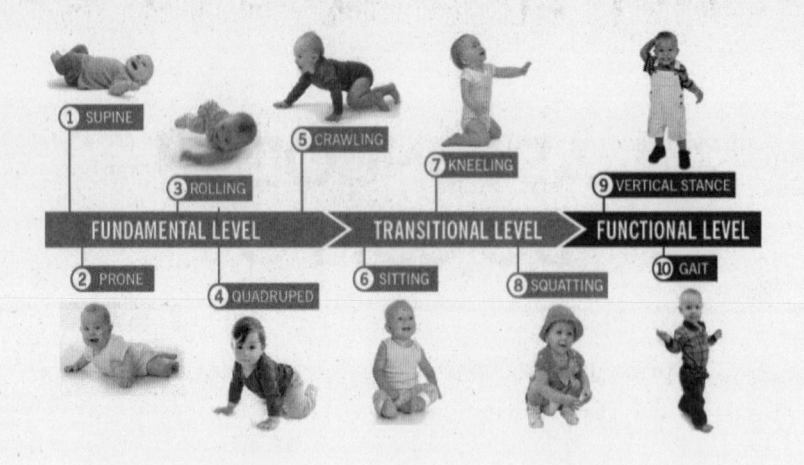

FUNDAMENTAL LEVEL: ① SUPINE, ② PRONE, ③ ROLLING, ④ QUADRUPED
TRANSITIONAL LEVEL: ⑤ CRAWLING, ⑥ SITTING, ⑦ KNEELING, ⑧ SQUATTING
FUNCTIONAL LEVEL: ⑨ VERTICAL STANCE, ⑩ GAIT

Depois começa a rolar, ficar de quatro, fortalece os oblíquos, trabalha o intercostal, até conseguir ficar em quatro apoios, engatinhando. A próxima fase, depois de algum tempo engatinhando, ou até antes, é se sentar. Neste momento ela já tem o domínio do tronco, a musculatura já tem esse domínio, mudando para o squat, fica agachada, mas ainda não anda. Levanta e agacha novamente fortalecendo a musculatura do glúteo, das pernas, e finalmente fica na vertical e começa a caminhar.

O pediatra sabe as semanas e os meses de cada fase. Por exemplo, se a criança apresentar um comportamento fora da escala, será avaliada uma possível disfunção. Quando não consegue ficar agachado, pode ser que o pezinho esteja torto e precisa usar uma botinha, fazer fisioterapia para alcançar o nível funcional.

O *CrossFit®* inseriu no mercado, de maneira massiva, o treino funcional. Entretanto, vinculando ao treinamento funcional à intensidade.

Somos nós, como profissionais,
que temos a obrigação de avaliar e
aplicar o treino mais adequado e
saudável a cada aluno.

Se o aluno machucar, o treinamento não foi funcional.

É realmente funcional fazer um *deadlift* com 220 quilos? É funcional fazer 100 repetições? O que traz outra questão, qual é o limite?

A responsabilidade em orientar o aluno quanto a essas questões é totalmente nossa. A análise deve ser individual.

Não é sobre biótipo e sim sobre a capacidade de gerar movimento em cada aluno.

Dentro da mentalidade funcional não pensamos apenas em músculo, pensamos também em movimento. A responsabilidade do movimento envolve a capacidade de contração muscular e suas consequências. Devemos pensar na capacidade de rolamento e deslizamento da articulação. Por exemplo, quando o braço está subindo o úmero desliza e rola dentro do acrômio, e vemos muitas pessoas sem essa capacidade, o braço não chega até lá.

Outro exemplo é com relação ao agachamento. A pessoa não consegue agachar de maneira completa, o fêmur não consegue chegar em uma amplitude que "quebre a paralela", pensamos em ângulo articular, em melhorar de maneira funcional esse movimento. Se ele não melhorar essa amplitude, vai trabalhar a musculatura da perna de maneira desigual e, se fizer pela metade, não está trabalhando por completo e de maneira equilibrada toda musculatura. A médio ou longo prazo está gerando um desequilíbrio que levará a uma lesão.

Se uma pessoa com 70 anos não consegue levar sua mala em uma viagem, o corpo dela não é mais funcional. Se ela não consegue passear com seu cachorro, ou tomar banho sozinha com segurança, o corpo dela não é mais funcional. Mas ela poderá viver até os 90 anos.

Temos que entender o que é funcional. Pense na capacidade que os idosos têm de se movimentar.

Minha avó ficou emocionada por ter voltado a fazer duas coisas que já não fazia e estava se deprimindo por esse motivo: pentear o cabelo e fazer o sinal da cruz.

Imagine não conseguir pentear o cabelo ou, para uma pessoa religiosa, deixar de fazer o sinal da cruz. Minha prima que é fisioterapeuta começou a cuidar dela, que ficou muito feliz ao conseguir realizar essas duas atividades novamente. Para uma mulher de 95 anos isso é qualidade de vida.

Imagine sair para uma viagem de férias pela Europa e machucar as costas carregando a mala. Cinco anos juntando dinheiro para a viagem e passar 15 dias tomando remédio e andando torto.

Funcionalidade é isso, é a capacidade do corpo de fazer aquilo para o qual foi feito para fazer. Desde caminhar até levantar peso.

ROSSCROSS
AININGTRAININ
ROSSCROSS
AININGTRAININ
ROSSCROSS
AININGTRAININ
ROSSCROSS
AININGTRAININ
ROSSCROSS
AININGTRAININ
ROSSCROSS
AININGTRAININ

MOVIMENTOS BÁSICOS

SISTEMA FUNCIONAL

O sistema funcional que quero expor aqui é o princípio da mudança de mentalidade, que será a base para aplicação do *Cross Training*. Iremos agora apresentar os padrões de movimentos.

Antes se dividia um treino na musculação, por exemplo, três vezes por semana A, B e C. Treino A peito, ombro e tríceps, treino B costas e bíceps, treino C perna, se melhorar e vier quatro vezes por semana A, B, C e D, acrescenta deltoide com perna.

No *Cross Training* e no treinamento funcional não dividimos nosso treino baseado nas partes do corpo.

Utilizamos uma divisão baseada na forma com que o nosso corpo funciona, em como nos movimentamos e movemos objetos.

Não existe um consenso em relação à maneira de realizar essa divisão. Vou exibir alguns modelos de como dividir o treino e concluir com a maneira que eu gosto de utilizar.

EXEMPLO 1

Dividir o treino entre os sistemas locomotor, não locomotor e o sistema manipulativo.

E estimular os três sistemas de maneira harmônica.

FUNDAMENTAL MOVEMENT PATTERNS

LOCOMOTOR	NONLOCOMOTOR	MANIPULATIVE
Walk	Bend	Bounce/Dribble
Run	Dodge	Catch
Jump	Stretch	Kick
Vault	Twist	Roll
Leap	Turn	Strike
Hop	Swing	Throw
Gallop	Sway	Trap
Slide	Push	
Body roll	Pull	
Climb		

EXEMPLO 2

A maneira mais comum de divisão é entre os padrões de movimento: squat (agachamento), lunge (movimento de split), push (empurrar), pull (puxar), bend (flexão de quadril), *Core* e locomoção.

Desse modo você estimula de maneira equilibra os padrões de movimento durante um microciclo.

SQUAT LUNGE PUSH PULL

BEND CORE LOCOMOTION

EXEMPLO 3

Outra maneira, mais simples de utilizar os padrões é separar membros inferiores dos superiores e dividir entre puxar e empurrar. Quando falamos em empurrar com os inferiores estamos falando dos movimentos de agachamento. E ao falarmos de puxar com os membros inferiores estamos nos referindo ao movimento de abrir o quadril.

Dessa forma acrescentamos ao movimento de puxar e empurrar a possibilidade de carregar um objeto.

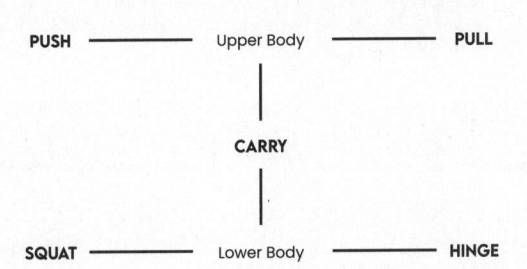

PUSH — Upper Body — PULL
CARRY
SQUAT — Lower Body — HINGE

CONCEITO DE DOMINÂNCIA

Para facilitar aplicação prática dos padrões de movimento é preciso abrir um parênteses aqui para explicar o conceito de dominância.

Quando ponderamos sobre padrão de movimento chegamos no conceito de dominância, porque o mesmo movimento pode ser executado de diferentes maneiras e ter uma dominância maior para um certo movimento, o que implicará na utilização de uma articulação com uma ênfase maior do que outra.

Então, não é o nome do exercício que está vinculado ao padrão, mas primariamente a maneira como ele é executado na prática que irá determinar a qual padrão ele se encaixa, qual principal articulação envolvida na ação motora. O caso mais clássico é dos agachamentos e levantamento terra.

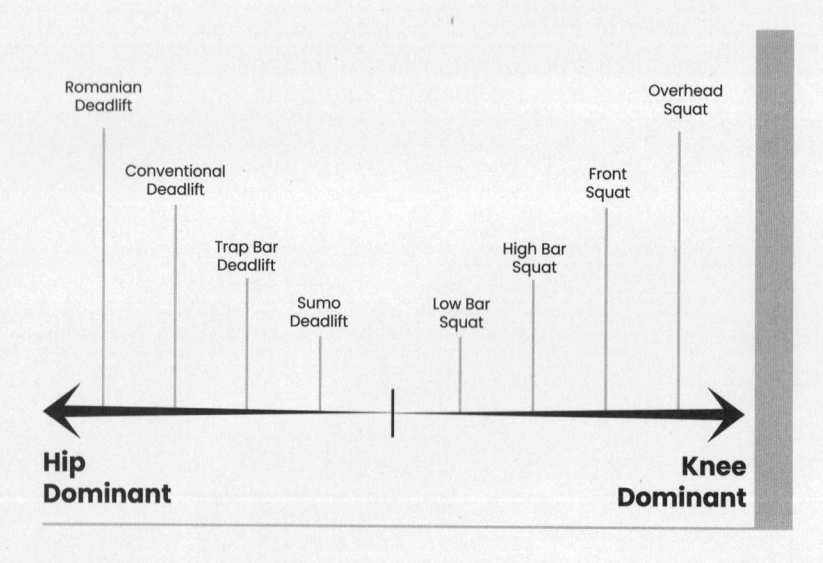

O agachamento *low bar* é feito com a barra mais baixo, no meio do trapézio, bem clássico de *powerlifting*, que usa muito o quadril, porque a musculatura posterior é mais forte do que o quadríceps. Então, para levantar mais carga faz-se um agachamento lombar jogando o quadril mais para trás, usando mais posterior de coxa e glúteo, um *high bar*, um *front squat*, que já é muito quadríceps e um *overhead squat*, que é mais quadríceps ainda. Uma dominância maior do quadril ou uma dominância maior do joelho.

E no *deadlift* é igual, tem o *romanian deadlift*, que nem abaixa o quadril, o *deadlift* convencional, que depois que a barra passa do joelho desce um pouco e a *trap bar*, o aluno fica mais sentado. Se tem uma hérnia discal, até fortalecer, o ideal é usar a *trap bar*, ele vai agachar um pouco mais sentado usando mais joelho que o quadril, exigindo menos da musculatura da lombar; e o sumo *deadlift*, que também pode ser feito com o quadril alto, mais parecido com lombar.

Este conceito de dominância, é fundamental na hora de aplicar o treino na prática.

Agora vou explicar o modelo que utilizo e oriento que façam dessa forma, principalmente no começo, para aqueles que ainda não praticam *Cross Training*.

Esse modelo é mais simples de controlar, para saber se o treino está deixando seu aluno equilibrado.

EQUILÍBRIO MUSCULAR

O equilíbrio muscular é de fundamental importância tanto para performance quanto para prevenção de lesões. Faço questão de transcrever aqui um parágrafo inteiro abordando esse tema do livro do Platonov (2008):

"Na preparação de força, é muito importante garantir também o desenvolvimento equilibrado dos músculos responsáveis pela execução dos movimentos antagônicos. O trabalho intenso para desenvolvimento da força dos músculos flexores do tronco, por exemplo, pressupõe a realização de trabalho análogo para desenvolvimento dos músculos extensores do tronco; o aumento de força dos flexores do ombro exige respectivo aumento da força dos extensores etc. A ausência do desenvolvimento dos grupos musculares antagônicos pode ter consequências negativas: alterações na postura corporal, incorreções na posição das articulações e aumento dos traumatismos nas cartilagens de articulações e tendões."

Esse trecho nos convence buscar um equilíbrio minucioso dos estímulos. À medida que puxamos, também devemos empurrar, à medida que flexiona o joelho, abre o quadril (estende a articulação do quadril), para manter o corpo equilibrado. Até aqui esqueça a musculatura, pense no movimento.

Gosto de utilizar três padrões baseados nos movimentos mais simples do nosso corpo: ou ele **puxa ou empurra.**

Toda hora estamos puxando, empurrando ou estabilizando.

Podemos puxar com o membro superior ou com o membro inferior, isso também se repete com o padrão de empurrar.

Quando empurramos com o **membro inferior** estamos trabalhando uma dominância de joelho e quando puxamos estamos trabalhando uma dominância de quadril, utilizando uma ênfase muito maior dos músculos da cadeia posterior do corpo.

Nosso corpo foi feito para gerar movimento ou para impedir movimento, então devemos treinar estabilizando ou gerando movimento, que pode ser rotacional, frontal (depois nos aprofundaremos neste tema).

Com o **membro superior** podemos puxar na vertical fazendo uma barra ou na horizontal fazendo uma remada, quando empurramos é a mesma coisa, podemos empurrar na vertical fazendo um desenvolvimento, um *pushpress,* ou na horizontal fazendo uma flexão de braço ou um supino, podendo ser unilateral ou bilateral tanto nos membros superiores quanto inferiores.

E podemos nos aprofundar mais nos **movimentos unilaterais.** Por exemplo, o movimento pode ser **isolado** (realizado com um único lado de cada vez), **alternado** (alternando os lados) ou **simultâneo** (realizando os dois membros de maneira simultânea mas cada um com um peso).

PADRÕES

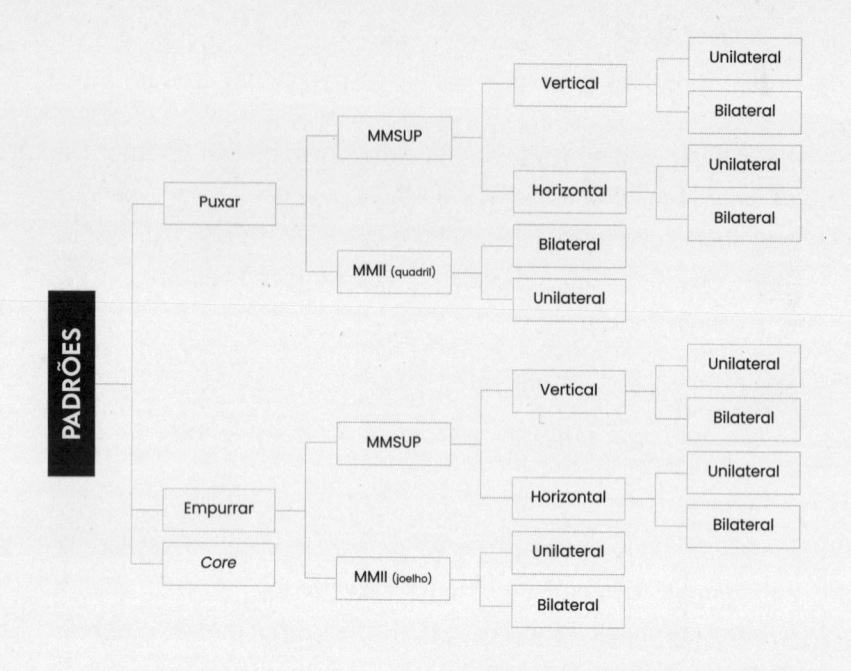

- Puxar
  - MMSUP
    - Vertical
      - Unilateral
      - Bilateral
    - Horizontal
      - Unilateral
      - Bilateral
  - MMII (quadril)
    - Bilateral
    - Unilateral
- Empurrar
  - MMSUP
    - Vertical
      - Unilateral
      - Bilateral
    - Horizontal
      - Unilateral
      - Bilateral
  - MMII (joelho)
    - Unilateral
    - Bilateral
- Core

Quando falamos de movimentos unilaterais temos todas essas possibilidades, unilateral isolado, unilateral alternado ou unilateral simultâneo.

Entender essa amplitude de possibilidades em um único exercício, enriquece muito a forma com que planejamos os treinos. Isso é excelente para quem estiver começando e tem pouco equipamento ou precisa dar treino na casa do aluno. Essas variações engrandecem de mais nossa rotina. Sempre busque o equilíbrio muscular dos seus alunos, se empurrou tem que puxar para se manter o equilíbrio, se agachou tem que abrir o quadril, se abriu o quadril tem que fechar o quadril.

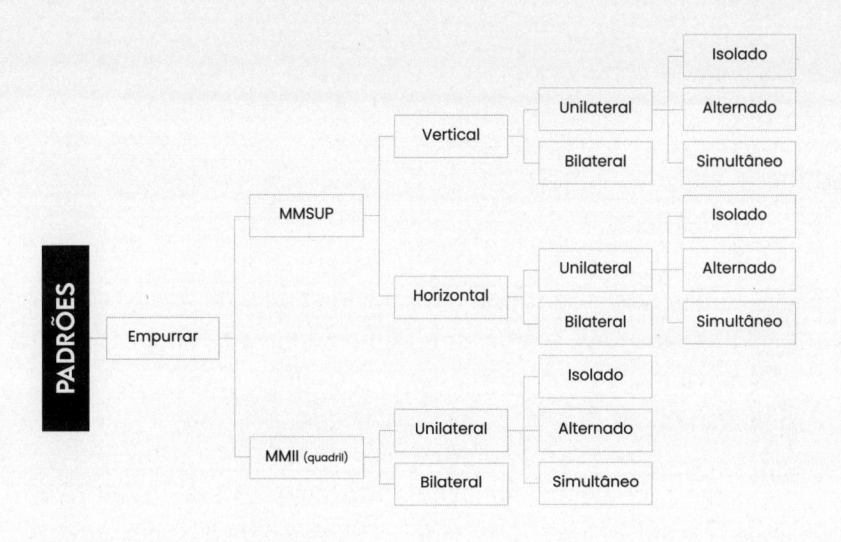

PADRÕES: Empurrar

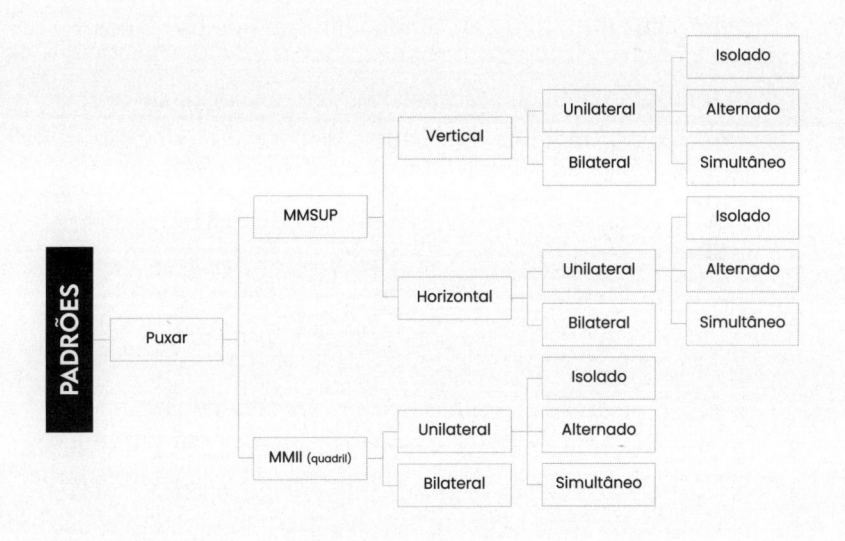

- **Empurrar**
  - **MMSUP**
    - **Vertical**
      - Unilateral
        - Isolado
        - Alternado
      - Bilateral
        - Simultâneo
    - **Horizontal**
      - Unilateral
        - Isolado
        - Alternado
      - Bilateral
        - Simultâneo
  - **MMII (quadril)**
    - Unilateral
      - Isolado
      - Alternado
    - Bilateral
      - Simultâneo

PADRÕES: Puxar

- **Puxar**
  - **MMSUP**
    - **Vertical**
      - Unilateral
        - Isolado
        - Alternado
      - Bilateral
        - Simultâneo
    - **Horizontal**
      - Unilateral
        - Isolado
        - Alternado
      - Bilateral
        - Simultâneo
  - **MMII (quadril)**
    - Unilateral
      - Isolado
      - Alternado
    - Bilateral
      - Simultâneo

Isso poderia se expandir ainda mais se entrarmos nos movimentos em outros planos, como as passadas laterais.

CORE

Agora vamos especificar o trabalho do *Core*. Nosso corpo foi feito para gerar movimento ou para impedir que uma força nos movimente, ou seja, estabilizar. É também chamado de antimovimento.

Quando falamos de estabilização temos o ***Core* frontal**, que impede o movimento, que empurra a gente para trás, por exemplo. Fortalecendo o ***Core* posterior** estamos evitando forças que nos levam para frente, ou ainda o trabalho antirotacional, quando vencemos uma força que age lateralmente em nossos corpos.

Temos também que estimular nossa capacidade de realizar movimentos por meio dos músculos do *Core*. Os exercícios de *Core* dinâmico.

Temos os **movimentos frontais**, a capacidade do nosso *Core* de gerar movimento, são os *situps*, abdominais normais ou **rotacionais**, como utilizados por vários atletas de luta.

Todos os esportes usam movimentos **rotacionais,** mas no Brasil não temos uma cultura esportiva, temos pessoas que nunca praticaram esporte nenhum, por isso quem não pratica esportes com movimentos rotacionais deve praticar muitos desses exercícios dentro do treino.

Tenho aluna que, ao ter um bebê insistiu para que a mãe, que tinha 70 anos começasse a treinar, porque quando passasse o período da licença maternidade quem cuidaria da filhinha seria ela. No primeiro dia de treino, em uma aula experimental, colocamos uma escadinha de agilidade e a senhora não conseguiu, não tinha força para ficar sobre um dos pés.

> **Não tinha agilidade, não tinha velocidade para reagir aos estímulos e lutar contra o próprio peso.**

Ela saiu, mandei mensagem para a filha, avisando que a mãe pode cair com algum brinquedo que sua filha deixasse no chão, não terá condição de desviar do brinquedo, não tem o reflexo, nem a coordenação e a força para evitar a queda. A mãe iniciou o processo de treinamento e até hoje está treinando.

> **Essa consciência da funcionalidade do nosso corpo e dos padrões de movimento nos ajuda a montar o treino, que irá melhorar a qualidade de vida do aluno.**

Não estou nem falando de atleta, mas sim, da qualidade de vida das pessoas mais comuns, temos que estimulá-las para manterem o equilíbrio de vida saudável.

CARREGAR OBJETOS

O ser humano está perdendo a capacidade de carregar objetos, os mais novos, então, não aguentam passar a bicicleta por cima da cerca. Não são mais estimulados.

Podemos carregar objetos de maneira **bilateral embaixo, bilateral em cima** ou **bilateral frontal,** e **unilateral** a mesma coisa, embaixo, em cima e na frente.

Precisa fazer com que o corpo do seu aluno gere todos os tipos de movimento de maneira equilibrada e saudável, para não envelhecer precisando que alguém lhe dê banho.

Não podemos chegar nesse estado por inanição de movimento, por não ter alimentado o movimento, porque é exatamente isso, deixamos de alimentar o movimento.

As pessoas trabalhavam de maneira braçal e se movimentavam, hoje em dia ficam em uma cadeira da pré-escola até a aposentadoria.

Se deixar de alimentar o movimento, perde o movimento.

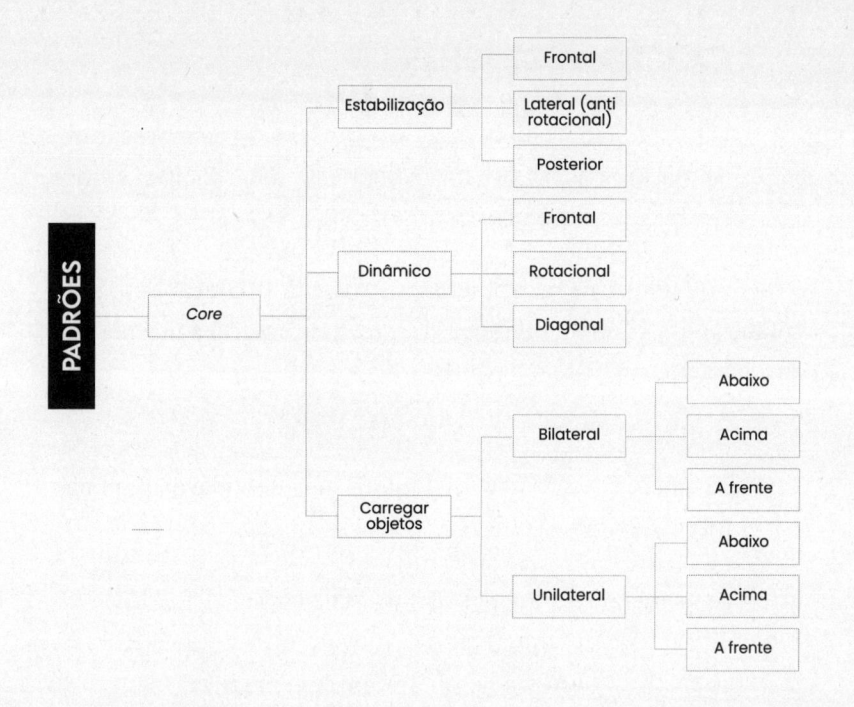

PADRÕES — *Core*
- Estabilização
  - Frontal
  - Lateral (anti rotacional)
  - Posterior
- Dinâmico
  - Frontal
  - Rotacional
  - Diagonal
- Carregar objetos
  - Bilateral
    - Abaixo
    - Acima
    - A frente
  - Unilateral
    - Abaixo
    - Acima
    - A frente

Corpo: use-o ou perca-o.

CICLOS DE TREINO

Agora, quero que anote e sugiro que utilize na hora de montar o treino, as pessoas utilizam o microciclo semanal e tem que estar equilibrado.

CONTROLE DE PADRÃO	
Joelho Bi	
Joelho Uni	
Quadril Bi	
Quadril Uni	
Core Din. Frontal (fechar quadril)	
Estabilização frontal	
Estabilização lateral	
Empurrar vertical	
Empurrar horizontal	
Puxar vertical	
Puxar horizontal	
Carry	

Ao montar os treinos devemos sempre ter um controle de padrão de movimento, que pode ser mais simples com puxar e empurrar, até um mais completo. O importante é garantir esse equilíbrio dos estímulos.

Esse modelo de exemplo que disponho é uma sugestão que possibilita realizar um controle de cada microciclo de maneira rápida e simples. Basta anotar a quantidade de vezes em que seu aluno realizou um determinado padrão e garantir que ele faça a mesma quantidade no padrão oposto.

No começo da Pandemia de Covid-19, todo mundo foi fazer treino online e foi possível assistir muita coisa errada. Era comum deparamos com algo assim: segunda-feira agachamento jump squat, na terça-feira fazia um avanço, quarta-feira fazia box jump, quinta-feira fazia *Thruster*; usava o joelho todos os dias, a que horas o quadríceps descansa?

Não cometa esse erro. Se acumular padrão de movimento, a capacidade de contração diminui.

Se quiser gerar intensidade, misture os padrões de movimento. O treino mais intenso do *CrossFit*® é a Fran (21-15-9 repetições de *Thruster* e *PullUps*), porque agacha, empurra, abre quadril e puxa. O músculo já está com um acúmulo muito grande de lactato, entrando em fadiga, quase não aguentando mais, quando muda de movimento e vai para o outro padrão, vai utilizando o glicogênio muscular e hepático, jogando energia para o músculo. E volta pra barra de novo, e assim vai. Por isso que é tão intenso.

Pode fazer um treino eventual de propósito e dar uma moída na musculatura de uma mesma articulação, como no caso específico de um trabalho visando hipertrofia.

AQUECIMENTO

Se aquecer fosse só fazer o corpo suar, quem mora no Brasil não precisaria aquecer.

O aquecimento não é para simplesmente aquecer o corpo, serve para preparar o corpo para o treino.

É última parte que escrevemos do treino, porque se serve para preparar o corpo para o treino precisa saber o que irá treinar!

Uma regra: treinos intensos e curtos exigem aquecimentos longos; treinos com baixa intensidade e longos, o aquecimento é curto.

Um corredor de 100 metros rasos leva mais ou menos uma hora para se aquecer. Para o maratonista é mais curto, exceto os de alto rendimento que correm três quilômetros, antes, para trocar o ar, mas o aluno que vai correr cinco quilômetros, pode dar uma alongada e correr.

SÃO CINCO FASES DE AQUECIMENTO

FASES DO AQUECIMENTO	Elevar a temperatura

Ativação do *Core*
Alongamento dinâmico
Ativação do sistema nervoso central
Aquecimento específico

A primeira fase: elevar a temperatura do corpo. Uma atividade cíclica, uma corridinha de três a cinco minutos é o suficiente e, dependendo do caso, pode usar o *fun roller* para fazer uma liberação leve e aumentar a microcirculação periférica.

A segunda fase: a ativação do *Core* e não treino do *Core*. O intuito é não fadigar, é simplesmente ativar, fazer com que o músculo receba um aporte sanguíneo, fazer com que a parte neuro motora do músculo seja estimulada, e fique atendo com o que irá fazer no treino, se dará ênfase na parte do glúteo, do quadril, da cintura escapular ou do tronco.

A terceira fase: um alongamento dinâmico. Uma técnica de aumentar a amplitude com movimentos balísticos de baixa intensidade, aumenta a irrigação, aumenta a ativação no corpo inteiro, na amplitude inteira do movimento.

A quarta fase: a ativação do sistema nervoso central. Normalmente feita com movimentos de alta intensidade e muito curtos, como se desse um choque no corpo para que fique em estado de alerta, esperto.

E a última fase: um aquecimento específico, e que depende muito do que irá fazer no treino, por exemplo, um treino de *snatch* você faria o aquecimento com barra, fazer *drill*, para fazer *snatch*, depende muito do que irá fazer, vamos vivenciar isso no treino.

CROSS TRAINING II

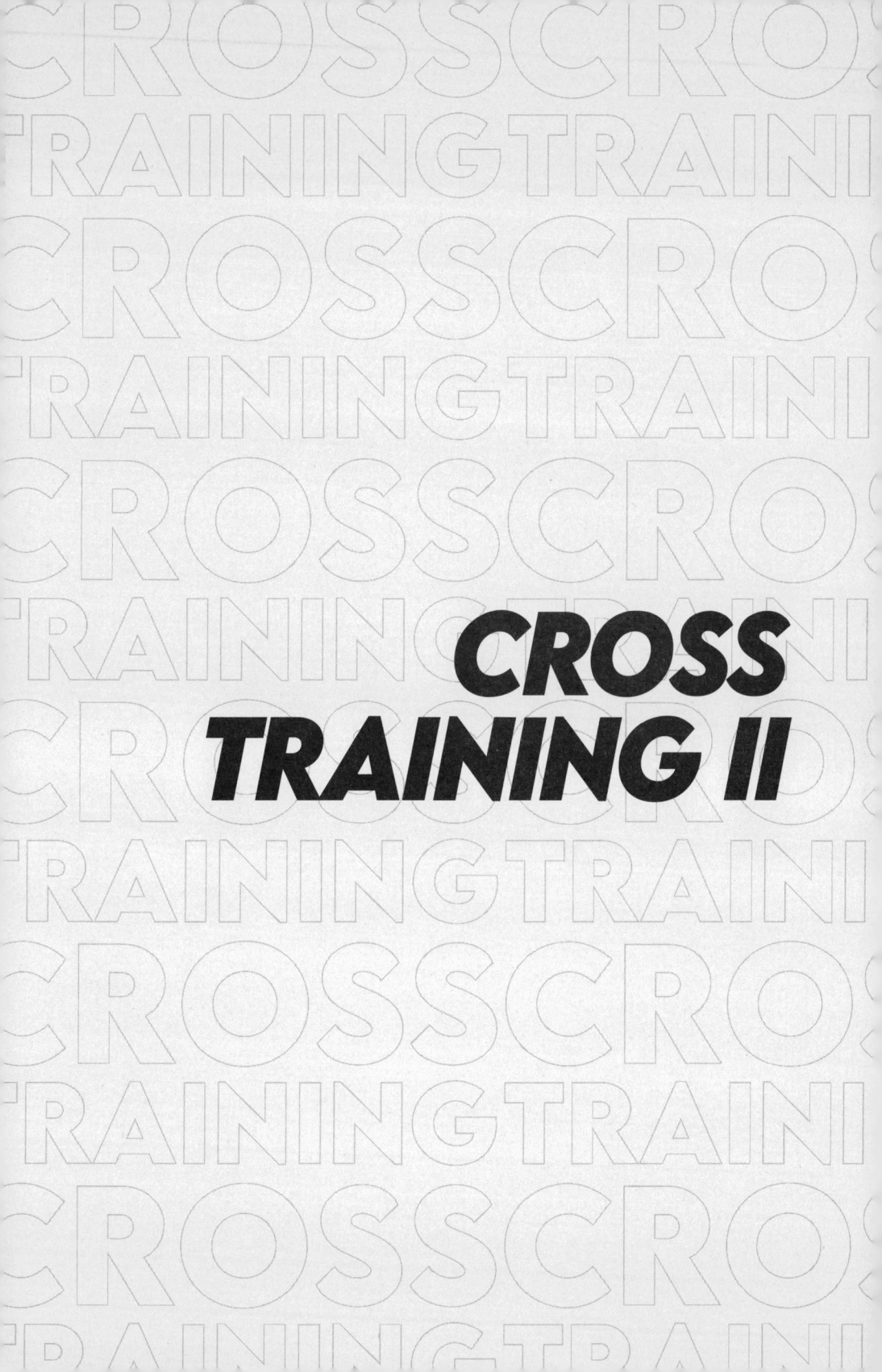

TRÊS PILARES

Três pilares sustentam a carreira de um educador ou *personal trainer*:

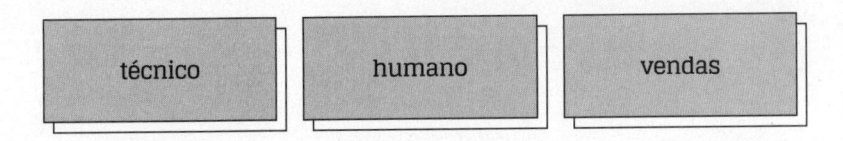

| técnico | humano | vendas |

Se não se desenvolver, não ganhará dinheiro, sempre faltará alguma coisa, não conseguirá decolar.

Precisamos desenvolver o nosso pilar humano para conseguirmos conversar, entender e conseguir alcançar o indivíduo que está fora do movimento e jogá-lo para a prática, porque as nossas maiores ferramentas estão no movimento.

Seja na sala de estar do cliente, na garagem, na praça ou na academia; pense em como o cliente se movimenta, pense como irá fazer para que ele se movimente mais e melhor, qual treino irá programar de acordo com a sua realidade e as circunstâncias do cliente.

É obrigação do profissional de educação física entender de movimento, ter a base de anatomia, biologia celular, cinesiologia, biomecânica, treinamento desportivo, fisiologia do exercício; e por meio do movimento levar a saúde, qualidade de vida, performance atlética e tudo mais.

Vamos apresentar agora as bases conceituais do *Cross Training*, que são como preceitos onde a todas essas áreas se integram e formam os alicerces técnico científico que sustentam esse sistema com tantas possibilidades.

BASE CONCEITUAL DO *CROSS TRAINING*

TRABALHAR DIFERENTES HABILIDADES BIOMOTORAS

Quando falamos de movimento humano precisamos destacar a conexão entre as capacidades físicas desenvolvidas pelo corpo- força, velocidade, resistência, entre outras- com a parte fisiológica que garante a continuidade da atividade com relação a produção de energia, os sistemas ou vias energéticas. Essa conexão entre a parte motora e a fisiológica é a habilidade motora. Ou seja, trabalhar as diferentes habilidades biomotoras garante não só a expressão das diversas capacidades físicas mas também assegura que o corpo tenha toda a parte de produção de energia específica bem desenvolvida.

Iremos trabalhar mais afundo isso ao falarmos das capacidades físicas e também das vias energéticas.

INTEGRAR MAIOR QUANTIDADE DE MÚSCULO POSSÍVEL

Na busca pela eficiência, tentamos sempre integrar a maior quantidade de músculos possível no exercício. Aqui também fica claro como o sistema do *Cross Training* se encaixa ao treinamento funcional.

Os homens mais fortes do mundo, do *strongman*, basistas que levantam uma tonelada, nos levantamentos básicos, como desenvolvem aquela força? Com a utilização de movimentos globais que integram vários grupos musculares, não treinando apenas músculos isolados.

Eu não sou contra o uso de máquinas, mas as máquinas devem ser complemento do treino e não exercício principal.

Pelo simples fato de que a grande parte das máquinas exigem muito menos esforço do que os exercícios de peso livre. Máquinas buscam isolar a musculatura, enquanto com peso livre é preciso recrutar uma cadeia enorme de músculos sinergistas, estabilizadores e antagonistas. Além do fato de que máquinas, em sua maioria, são de cadeia cinética aberta, o que resulta em menor estímulo da capacidade coordenativa, de força e potência.

Desenvolva a capacidade de força em um agachamento livre, não isole nada, trabalhe a maior quantidade de músculo possível, levantar a carga recruta todo o agrupamento da cadeia posterior para sustentar o peso da carga. Diferente de colocar o aluno no *legpress*, como todo corpo estabilizado.

Pense sempre em como integrar a maior quantidade de músculos possível em um único movimento.

PRIORIZAR A CAPACIDADE DE MOVIMENTO

Priorizar a capacidade de movimento é priorizar a qualidade de vida que seu cliente ganha ao treinar com você.

Devemos pensar na qualidade de vida da nossa sociedade nos últimos 20, 30, anos de vida. Chega a ser um problema social, muitas pessoas que pesam no sistema de saúde, têm doenças que são totalmente evitáveis, são muitos os gastos com diabetes, com pressão alta, operações ortopédicas. Hoje, no Brasil, morre-se mais em decorrência da obesidade do que de fome.

Ajudar a sociedade nesse quesito é papel do educador físico, uma missão. Fizemos um juramento ao pegarmos o diploma, pelo bem-estar da sociedade.

Um aluno que não tem capacidade de movimento, não irá receber o treino que gostaria, porque, muitas vezes precisará dar um passo para trás e aprender a se movimentar, por isso a necessidade de fazer não só a avaliação física, mas principalmente, uma avaliação funcional.

Não realizar uma avaliação funcional no seu aluno é como querer utilizar um GPS sem saber o ponto de partida. Como saber para onde ir se não sabe onde está? Quando você liga o Waze e está sem sinal, aparece a seguinte mensagem: algo deu errado.

> É preciso saber onde está antes de traçar uma rota para onde deseja ir.

É exatamente o que fazemos com nosso aluno quando não realizamos uma avaliação funcional, quando não analisamos o agachamento, quando não colocamos para fazer alguma estabilização de *Core* e não analisamos seu grau de força. Como saber qual exercício irá passar? Um *back squat, front squat, overhead squat*?

Pensando nisso desenvolvemos um método de avaliação funcional, chamado *Método CoachEye*, que está disponível aqui:

Quando chega um aluno para treinar você não sabe se tem condromalácia, ou é um simples desequilíbrio, não sabe se tem problema na lombar, se tem problema no ombro, não sabe enquanto não avaliar, não é só treinar! Depois o aluno se machuca, algo que podia ser prevenido, e não sabe o que fazer.

Priorize ensinar seu aluno a se movimentar, que ele tenha um movimento muito bom nos exercícios básicos, isso irá refletir de maneira muito sensível na vida dele.

Ensinar um aluno a ter um agachamento perfeito, a melhorar a técnica de corrida, a técnica de salto acrescentará um valor imensurável da qualidade nos últimos 20, 30 anos de vida de seus alunos.

Quando melhora a capacidade de movimentação do seu aluno, qual o valor que ele ganha em qualidade de vida? Não tem como mensurar, é uma coisa que não tem preço, é uma coisa que tem valor. Isso irá refletir diretamente na sua carreira, em como o mercado enxerga você enquanto profissional.

TRANSFERÊNCIA DO TREINO PARA A VIDA REAL

Os treinos devem ter uma boa transferência para vida do cliente, quer seja atleta, quer seja um aluno sedentário.

Devemos estimular por meio de diferentes métodos a coordenação motora, por exemplo, quando seu aluno consegue realizar algum movimento complexo, como o salto duplo na corda (*duble under*), ele sem dúvidas evoluiu na coordenação e isso trará benefícios em todos os movimentos que for necessária essa capacidade.

> Outro ponto importante a ser estimulado é a capacidade de se equilibrar e de manter o centro de gravidade.

O quanto isso é fundamental para evitar quedas na velhice, assunto supersério como já falamos anteriormente.

A amplitude de movimento é fator fundamental na prevenção de lesão, mas deve ser desenvolvida com calma. Todo mundo precisa fazer um *squat snatch*? Não é melhor só desenvolver um *power snatch*, enquanto o *overhead squat* não está perfeito? Pode ser que um dia ele faça um *squat snatch*, mas não seria melhor do que ficar forçando-o a fazer o *squat snatch* a todo custo?

Desenvolver a sinergia muscular, fazer aquele trabalho de equilíbrio muscular, ensinar o aluno a se movimentar para que o corpo dele entenda que na hora de saltar, abre o quadril; toda a musculatura da cadeia posterior dele está contraindo e automaticamente terá que relaxar a cadeia posterior e contrair a anterior para cair em cima da caixa. A pessoa salta, trabalha toda a cadeia posterior relaxa a posterior e instantaneamente, em milésimos de segundos, contraiu a anterior para subir o joelho para passar por cima, é a sinergia muscular.

Ele não precisa conhecer esses termos, talvez nem entenda, mas quando conseguir fazer esse salto avançado, é automático essa ação do corpo.

Precisamos estimular todos os tipos de contração muscular, treinar a capacidade de isometria, treinar a força excêntrica e a concêntrica.

Uma capacidade que ainda vemos sendo pouco estimulada fora do treinamento de atletas é a velocidade, potência hoje em dia até que é bem trabalhada; quem foi do esporte sabe como é trabalhar a velocidade, dar um tiro, descansa muito.

Hoje, o nosso formato de treino de uma hora talvez limite um pouco, mas não custa dar um estímulo de velocidade. Pegue um final de semana, leve todo mundo para a pista; dos 50 minutos de treino, passará 40 minutos, quase, descansando, mas vai desenvolver a velocidade.

Perceba que tudo que foi descrito aqui de maneira superficial envolve biomecânica, treinamento desportivo, fisiologia do exercício, etc.

Todas essas questões estão diretamente relacionadas ao nosso dia a dia, e são a base do treinamento de qualquer atleta com resultado e não é diferente com nossos alunos, isso também deve ser a base do treinamento deles.

Mais à frente iremos falar de montagem de treino e tudo isso voltará de maneira prática.

CROSSCRO
TRAININGTRAINI
CROSSCRO
TRAININGTRAINI
CROSSCRO
TRAININGTRAINI
CROSSCRO
TRAININGTRAINI
CROSSCRO

ROSSCROSS
AININGTRAINING
ROSSCROSS
AININGTRAINING
ROSSCROSS
AININGTRAINING
ROSSCROSS
AININGTRAINING
ROSSCROSS
AININGTRAINING
ROSSCROSS
AININGTRAINING

PRINCÍPIOS DO TREINAMENTO DESPORTIVO

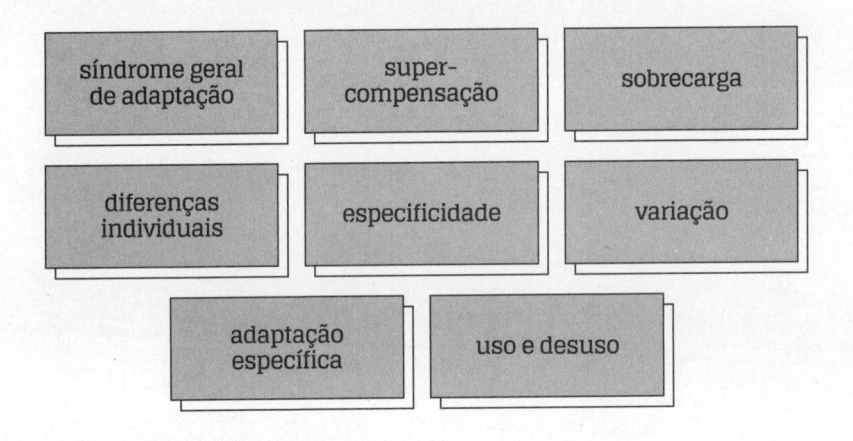

- síndrome geral de adaptação
- super-compensação
- sobrecarga
- diferenças individuais
- especificidade
- variação
- adaptação específica
- uso e desuso

Todos os princípios do treinamento desportivo se aplicam ao *Cross Training*, mas em alguns, temos mais ênfase.

1. Princípio da Síndrome Geral de Adaptação (SGA) - que estabelece uma sequência de reações iniciadas quando o corpo é exposto a um treino. É dividido em três fases:

- uma fase de **alarme** quando recebe o estímulo;
- uma fase de **resistência** quando o corpo está se adaptando ao estímulo;
- uma fase de **exaustão**, quando o corpo, caso continue o estímulo, começa a entrar em over training.

O motivo de colocar a SGA como um princípio é pela obrigatoriedade de se conhecer e respeitar os efeitos para saber dosar os estímulos que dá para o seu aluno.

2. Princípio da Supercompensação - o corpo sempre apresentará uma melhora da condição inicial, o acúmulo de estímulos irá conseguir melhorar o estado inicial do aluno.

3. Princípio da Sobrecarga - o corpo precisa ser submetido a esforços cada vez maiores.

Precisamos começar com estímulos baixos, é o que fazemos quando dividimos a prática em iniciante, intermediário e avançado. Orientamos a evolução dos nossos alunos de maneira progressiva.

Todo novo estímulo deve respeitar a carga anterior, o nível de aptidão física, o volume, a intensidade e o período de recuperação.

4. Princípio das Diferenças Individuais - talvez seja o princípio mais importante e muitas vezes esquecido.

Cada indivíduo tem uma necessidade, tem uma antropometria, tem um histórico, uma aptidão física, temperamento, intelectualidade, então cada indivíduo deveria ter seu treino diferenciado.

Se estiver dando aula para uma turma de 40 pessoas, na sua cabeça já deve saber diferenciar cada uma. Como fazer? Avaliando cada aluno. Assim saberá das individualidades, não vai adiantar gritar para se agachar mais, o aluno tem pouca mobilidade no tornozelo, se insistir, terá problema no calcanhar, ou tem um problema na lombar, trará consequências ruins.

Nosso papel é ser um facilitador na hora do treino, "vou colocar a bola aqui e você agacha só até a bola, ou só até a caixa, você faz aquele exercício ali e você aquele outro lá"; é o mesmo treino, só que diferente para cada indivíduo.

Só tendo essa diferenciação nossos alunos conseguirão ir na máxima intensidade com segurança.

5. Princípio da Especificidade - o treinamento é capaz de desenvolver várias capacidades físicas e habilidades biomotoras, mas precisa ser específico.

O *Cross Training* nos ensina a trabalhar essa especificidade, se estiver treinando um aluno estimulando somente a potência, ou treinando para três quilômetros, ou fazendo treino de hipertrofia, ele não poderá correr uma maratona. Quando for selecionar o que colocar no treino deve levar em consideração a especificidade dos estímulos.

A especialidade diz respeito tanto às capacidades físicas quanto aos sistemas energéticos estimulados, e também ao padrão de movimento e coordenação que se quer desenvolver.

6. Princípio da Variação - na minha opinião é a maior contribuição do CrossFit® para o mundo.

Quem não era atleta não mudava de treino por no mínimo um mês, os atletas já tinham o hábito de variar mais, e isso o CrossFit® fez com muito primor. A cada dia um treino novo. O professor, hoje, é até cobrado se não mudar o treino todos os dias.

7. Princípio da Adaptação Específica - o resultado do aluno será de acordo com o que gerou de demanda.

É muito difícil dizer "vem treinar comigo, que eu garanto o seu resultado", quando o objetivo do aluno for estético, de emagrecimento, você não sabe o que ele come, por exemplo, como irá garantir algo?

Já quando o objetivo do aluno for performance, é diferente. Você consegue dizer, quer correr quanto? 10 quilômetros, então vamos fazer uma programação e daqui a seis meses correrá 10 quilômetros. Ou quanto deseja levantar de *snatch*? 100 quilos, vamos fazer uma programação para atingir, calculando a carga, podemos dizer em quanto tempo irá atingir o objetivo.

Os treinadores de atletas olímpicos fazem todos os cálculos de carga, e dizem quanto o atleta ganhará de carga a cada semestre, então em dois anos terá x carga, que é o índice de um determinado campeonato, é assim que funciona.

Quando começa a estudar o treinamento desportivo entende o que pode prometer para o seu aluno, pode até chegar ao cúmulo de vincular o seu pagamento a isso, vou te preparar para correr cinco quilômetros, se não conseguir não precisa me pagar, agora se irá emagrecer no mesmo período não posso garantir, existe leite condensado, açaí, sofá... Elementos envolvidos dos quais não temos absolutamente nenhum controle.

8. Princípio do Uso e Desuso - como temos muita variação de treino temos que tomar cuidado para estimular tudo, é como aquele truque de girar vários pratinhos ao mesmo tempo, temos sempre que estimular as capacidades físicas e os padrões de movimento para que a evolução seja constante.

Essa foi uma breve revisão dos princípios do treinamento, colocando os mais aplicados ao *Cross Training*.

Perceba que estão todos interligados e a atenção a todos eles é extremamente necessário na hora de montarmos os treinos e na aplicação, junto ao cliente, aluno ou atleta.

DAS NECESSIDADES HUMANAS

Temos como obrigação diferenciar uma pessoa comum, uma pessoa ativa, de um atleta.

A grande maioria dos profissionais não entrará no nicho do esporte, por isso na hora de aplicar o nosso conhecimento devemos saber como diferenciar aquilo que se vê no treinamento de atletas com o que utilizaremos no treinamento de pessoas comuns.

É importante agachar com o peso corporal para todo mundo. Uma pessoa comum se conseguir fazer agachamento com o próprio peso, já é bom. Para uma pessoa que pratica esportes e que se desafia a fazer certos tipos de provas é importante usar a carga.

> O agachamento com o peso corporal é essencial para uma pessoa ativa.

Se quiser fazer uma corrida de montanha, correr na praia, passar por morros enormes, sobe e desce, sobe e desce, 42 quilômetros, agachar com o peso corporal não adianta.

Para quem é importante saber saltar? Para todo mundo! Saber saltar é a capacidade que tem de cair ou não cair no momento do sufoco. Saber saltar, no mínimo, a altura de uma guia, uma poça d'água, se sabe saltar tem capacidade de correr. Abrir o quadril com potência é uma capacidade que todos devem ter, já fazer um *clean* nem todos precisam saber fazer, quem é atleta precisa fazer, é um dos melhores exercícios para gerar potência, independente do esporte que pratique.

Uma pessoa ativa não tem necessidade de fazer *clean* pesado, pode ser um *high pull* e está excelente. Se não quer *CrossFit*®, mobilidade de punho, ombro, cotovelo, se não conseguir tudo bem, consegue gerar a potência com um *high pull*.

Quando trabalhamos a cinesiologia, ensinando a se movimentar, é importante ficar descalço, preciso do arco do pé, quero que sinta o movimento do dedão, trazendo para dentro, fortalecendo os músculos do arco do pé, mas no momento do treino comum pode ficar de tênis, para treinar força fará diferença um tênis de LPO (levantamento de peso olímpico) ou fazer descalço. Com o tênis de LPO, por conta do salto, diminui a necessidade de uma amplitude maior de mobilidade de tornozelo.

Depende muito do momento, por exemplo a corda, um aluno experiente dificilmente erra um *double under* e quando erra não machuca, mas no começo certamente se machucava. A sua aluna, dona de um restaurante, que anda de limosine, chega com um salto 15, não quer ficar marcada, parecendo que apanhou, sinceramente, ela não precisa fazer um *double under*.

Essa é a parte do pilar humano, está pagando por hora, não será obrigado a nada.

Teve a época de *bare foot run*, todo mundo corria descalço, correr descalço é muito bom, mas seu aluno está preparado para correr descalço? Passou 20 anos sem tirar o tênis e quando o fazia, botava o chinelo ou a pantufa, para ficar dentro de casa, agora vai sair correndo descalço? Existe uma sapatilha *bare foot* que até separa os dedos do pé, tem o momento para isso, tem a adaptação, especificamente, existem momentos para ficar descalço, mas não precisa ficar o tempo todo descalço.

Quando falar em movimento sempre considere os três grandes grupos e as subdivisões de cada grupo, lembre-se do princípio da individualidade biológica.

Atletas, por exemplo, são milhares de esportes. Dentre as pessoas ativas temos o objetivo, as idades, uma pessoa ativa de 70 anos é completamente diferente de uma pessoa ativa de 20 anos, vejo muita gente errando de bobeira, querendo obrigar o aluno a fazer alguma coisa.

ROSSCROSS
AININGTRAININ
ROSSCROSS
AININGTRAININ
ROSSCROSS
AININGTRAININ
ROSSCROSS
AININGTRAININ
ROSSCROSS
AININGTRAININ
ROSSCROSS
AININGTRAININ

O MOVIMENTO

A teoria do movimento deveria ser obrigatória na faculdade, a cinesiologia, a biomecânica, biomecânica do movimento. Devemos estudar com profundidade, porque é fundamental. É o nosso dia a dia!

Esse esquema gráfico nos ajuda a pensar.

MOVIMENTO

Posição → Movimento → Propósito

Funcional → Seguro / Eficiente / Duradouro → Padrão de movimentos (RX)

Todo movimento se inicia em uma posição, tem o arco do movimento e depois a posição final.

O **movimento** tem um **propósito**, pode se agachar com diversos propósitos, pode ser para ensinar, para fortalecer os eretores da espinha e a perna, pode agachar para desenvolver a carga máxima, potência de salto, velocidade horizontal, são vários propósitos dentro de um movimento.

O propósito deve respeitar um **padrão de movimento**. Tem que ter amplitude máxima para aquela finalidade.

A amplitude máxima do agachamento quando quer desenvolver potência horizontal é um quarto. Para desenvolver carga máxima é amplitude total, tem que quebrar o paralelo. Mas um atleta, em fase final de lapidação de um esporte, que precisa de velocidade horizontal, potência horizontal, agachar até embaixo irá atrapalhar o desenvolvimento da velocidade.

> **Esteja sempre atento ao propósito e ao padrão de movimento, que irá comandar o propósito.**

O movimento deve ser funcional e de acordo com o objetivo, com o propósito dele.

> **O movimento é funcional quando é seguro, eficiente e duradouro.**

Precisa ter os três elementos, se o seu aluno começou a agachar e na décima quinta repetição o joelho começou a entrar, ele perdeu força de estabilização de quadril e aquele movimento já não é mais funcional, pode gerar uma lesão no joelho ou no quadril, caso o corpo desse aluno não suporte perder a forma dessa maneira.

Eu gosto de utilizar o termo RX, que foi difundido pelo *CrossFit®*, que designa o movimento que foi prescrito com todos os requisitos de amplitude e técnica. Um bom movimento no padrão RX é perfeito, com técnica apurada porque é a técnica que traz a eficiência. A definição de técnica da biomecânica é: **técnica é uma vantagem mecânica!**

Um lançador de peso, pode pegar o peso e arremessar simplesmente ou pode fazer a técnica do giro e arremessar. Com técnica irá mais longe, consegue uma vantagem mecânica para fazer o peso ir mais longe.

Isso é algo que desenhamos, não encontrará em nenhum lugar fora deste livro, é a compilação de diversas informações com este resultado.

Esse esquema acima é uma decorrência, após muito estudo, reflexão e observação dessa sequência lógica:

Não sabe ▶ Seguro ▶ Bom ▶ Perfeito ▶ Virtuoso

A pessoa não sabe se movimentar. Ela aprende o movimento e ele se transforma em um movimento seguro. Aperfeiçoa até ficar bom. Segue melhorando até ficar perfeito. Em alguns casos evolui até ser virtuoso

Normalmente quando as pessoas nos procuram, não sabem mais se movimentar, crianças sabem se movimentar, errado, mas sabem, mas aquele cliente de alto padrão muitas vezes não sabem mais se movimentar, passaram muito tempo sentados.

A maior parte do
tempo do nosso trabalho é
ensinar pessoas a se movimentarem
e o principal objetivo é fazer com
que esse movimento seja seguro.

Existem erros que fazem parte do processo e erros que não pode permitir que o aluno faça. Só precisa de um movimento errado para machucar, um movimento. Se o movimento estiver seguro já demos o primeiro passo.

Ensinamos a técnica, melhorando a amplitude do movimento por meio de treinos de mobilidade, de ativação de musculatura sinergista e estabilizadora, liberamos os músculos antagonistas; pronto! agora, o movimento está bom e continuamos aperfeiçoando até que o movimento fique perfeito.

E a partir daí, vem o movimento virtuoso, que é aquele movimento bonito, que encanta de tão bem executado.

Não precisamos atingir esse nível, talvez para quem faça os movimentos de ginástica e LPO seja interessante aperfeiçoar a técnica, chega uma hora que ficará bonito.

Um ponto importantíssimo que envolve o movimento é a questão da amplitude. Este livro não tem o intuito de ser um livro puramente científico, mas sim um livro científico prático, deixamos uma lista de referências no final onde é possível encontrar toda uma bibliografia sobre os temas aqui discutido, nesse quesito em particular sugerimos a leitura do livro do Dr. Kelly Starrett. Entretanto, nesse ponto vale a pena por ser uma questão deixada de lado nas maiorias de centros de treinamento que visito.

Devemos sempre preparar nossos alunos para realizar amplitude máxima, treinando mobilidade e melhorando técnica. Um estudo verificou que as maiores amplitudes geram mais hipertrofia, mais força e aumenta a perda de gordura quando comparado com os mesmos exercícios com amplitude menor (Mcmahon et al., 2012).

Toda essa teoria por trás do movimento faz parte do nosso dia a dia, trabalhamos para melhorar a eficiência, deixar o movimento duradouro e seguro.

ROSSCROS
AININGTRAININ
ROSSCROS
AININGTRAININ
ROSSCROS
AININGTRAININ
ROSSCROS
AININGTRAININ
ROSSCROS
AININGTRAININ
ROSSCROS
AININGTRAININ

CLASSIFICAÇÃO DOS EXERCÍCIOS

Dominar o conceito de padrão de movimento é essencial para montar um treino. Dentro de um mesmo padrão de movimento há uma infinidade de variações, mas todo padrão tem seu movimento básico, normalmente o principal movimento, uma regressão e uma progressão.

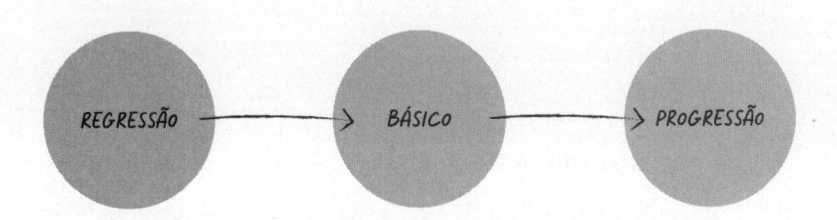

REGRESSÃO ⟶ BÁSICO ⟶ PROGRESSÃO

Ao visitar um colega de curso indaguei sobre os treinos, ele disse: "peito e coxa na segunda-feira, costas e glúteos na terça-feira... Então, indaguei, educadamente, como assim? Ainda aplica um modelo de divisão de treinos como na musculação para montar treinos de *Cross Training*?

Muitas pessoas ainda cometem esse erro. Dentro do *Cross Training* não se deve utilizar esse modelo de divisão de treino, não se deve usar dessa mentalidade, usamos os padrões de movimento para seleção dos exercícios.

O básico da dominância de joelho é agachar, o básico da dominância de quadril é o levantamento terra, o básico de fechar quadril é a flexão abdominal, as estabilizações de *Core* a pranchinha são o básico, empurrar na vertical, puxar na vertical, empurrar na horizontal, sempre em relação ao corpo.

BÁSICO

Dominância de joelho	Dominância de quadril	Fechar quadril	*Core*
Agachar	Levantamento terra	Flexão abdominal	Pranchinha

Empurar vertical	Puxar vertical	Empurrar horizontal	Puxar horizontal
Press	Barra	Supino	Remada curvada

Progressão de movimentos, desde um *air squat* até um *overhead squat*, do mais simples ao mais complexo, desde elevação de quadril até um *clean*, existem várias progressões e regressões.

Vamos ver agora o mais simples do lado esquerdo e o mais complexo do lado direito.

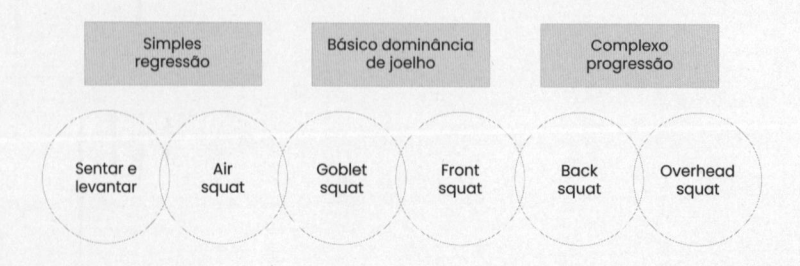

Simples regressão		Básico dominância de joelho		Complexo progressão	
Sentar e levantar	Air squat	Goblet squat	Front squat	Back squat	Overhead squat

As progressões em relação à **dominância de joelho**, principalmente com idoso é sentar e levantar, depois passamos para o agachamento livre, *goblet squat*, front squat, *back squat* e por último *overhead squat*, do mais simples ao mais complexo.

Dominância de quadril, o mais simples é a elevação do quadril, deitar-se no chão e fazer a elevação pélvica, começar a trabalhar glúteos, posterior de coxa, eretores, multífidos.

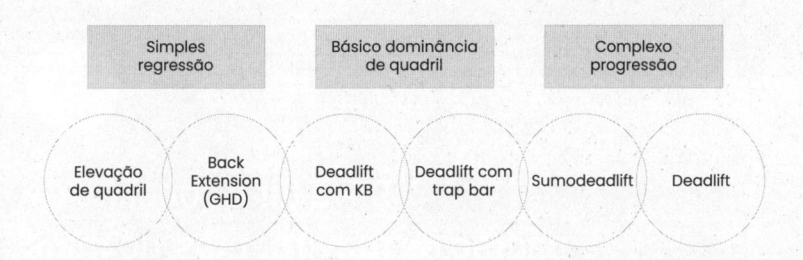

Simples regressão	Básico dominância de quadril	Complexo progressão

| Elevação de quadril | Back Extension (GHD) | Deadlift com KB | Deadlift com trap bar | Sumodeadlift | Deadlift |

Depois, não necessariamente passa pelo *back extension*, no GHD. Eu gosto de colocar todos os alunos de ponta cabeça e subir, com exceção de quem tem algum problema na lombar; ponho para sentir o movimento do ombro dele subindo, na hora de ensinar *deadlift* fica muito mais fácil, senão ele erra o movimento e quando já passou por essa experiência, não.

Deadlift com *Kettlebell*, começa em uma posição confortável pegando um peso no meio das pernas, bem simples, passa para um *deadlift* com a *trap bar*, a mão dele ficará neutra, não terá complicações com relação à mobilidade. Pode substituir a *trap bar* por dois kettlebeis um de cada lado, mudando a posição. Pode colocar algumas anilhas para a subida ser de uma altura maior e começar a evoluir, *sumodeadlift*, que exige menos da mobilidade, a perna ficará aberta, até passar para *deadlift* convencional.

Deve ter o conceito de padrão de movimentos, do mais simples ao mais complexo, é uma mudança importantíssima para conseguir montar um treino de *Cross Training* de maneira mais pratica e eficiente.

Empurrar na vertical, *dumbbell press*, porque é mais simples não requer mobilidade, se o aluno tem pouca mobilidade no ombro irá conseguir fazer com o peso na frente, respeitará a amplitude de movimento dele, pode fazer um lateral com o joelho no chão, se tiver pouca mobilidade como é unilateral irá dar uma rodada no tronco e conseguirá chegar à amplitude que deseja.

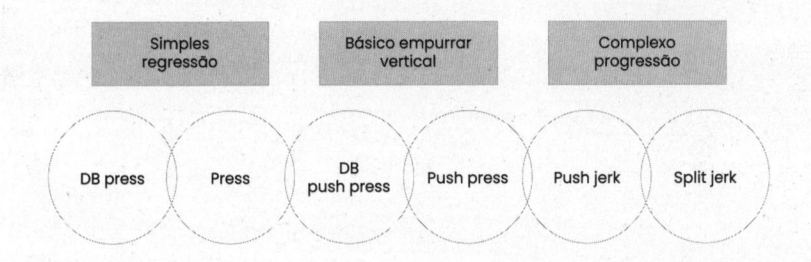

Simples regressão	Básico empurrar vertical	Complexo progressão

DB press	Press	DB push press	Push press	Push jerk	Split jerk

Passamos para o *press* com a barra, volta ao *dumbbell* para fazer o *push press* para ensinar o segundo movimento, o movimento de força do quadril, quando tirar do *dumbbell* e levar para a barra já é importante ter mobilidade bem trabalhada para que consiga transferir a força no ombro e não no braço. Se não tiver mobilidade fica difícil fazer o *push press*, depois *push jerk*. Aqui pode fazer um *hand stand push up*.

Pode variar de diversas maneiras, sempre do modelo mais simples para o modelo mais complexo.

Puxar na vertical, flexão escapular, depois uma barra, na posição sentado (quem estiver na sala de musculação é uma polia), faz um *pull down*; depois uma barra com o pé mais elevado, é a mesma posição com o pé um pouco mais alto, talvez em uma caixa, para aplicar mais força; depois uma barra saltando, barra fixa, pode colocar um elástico ou não; depois os movimentos mais complexos com o *kipping*, depois o *muscle bar* e pode evoluir muito.

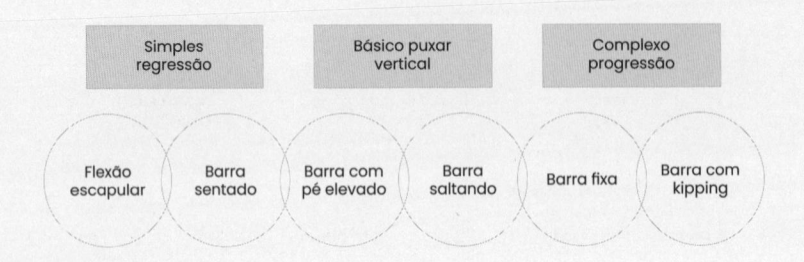

Simples regressão	Básico puxar vertical	Complexo progressão
Flexão escapular / Barra sentado	Barra com pé elevado / Barra saltando	Barra fixa / Barra com kipping

Empurrar na horizontal, flexão de braço "minhocando", um supino com *dumbbell*, flexão de braço, supino reto, flexão na argola, pode inverter em alguns casos. O importante é ter uma escala de progressão, existem vários movimentos de ginástica de empurrar, movimentos da calistenia.

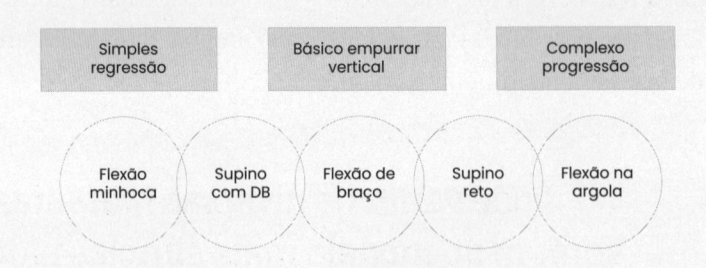

Simples regressão	Básico empurrar vertical	Complexo progressão
Flexão minhoca / Supino com DB	Flexão de braço	Supino reto / Flexão na argola

Puxar na horizontal, uma remada na argola, uma remada com band, vai aumentar um pouco a intensidade, depois uma remada na barra, pode ser barra na horizontal que é como uma barra fixa mas com o corpo quase paralelo ao solo (pode inverter a ordem aqui também) e por último a remada curvada.

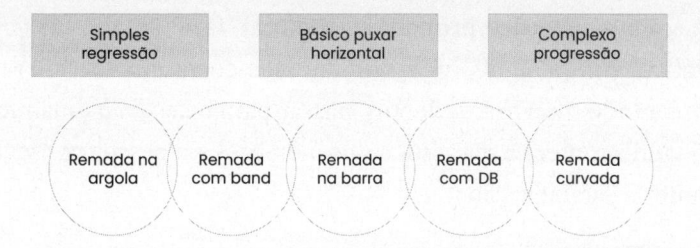

| Simples regressão | Básico puxar horizontal | Complexo progressão |

| Remada na argola | Remada com band | Remada na barra | Remada com DB | Remada curvada |

Dos movimentos de **fechar o quadril,** o mais básico é o abdominal com apoio, todos temos um aluno que se não segurar o pé dele, ele não sobe. Saiba que ele pode ter algum problema na lombar e ainda não saber. Muitas vezes, não é por falta de força, mas pela rigidez da lombar; as vértebras lombares estão se movendo como em um bloco só, e para subir o tronco tem dificuldade. Ao segurar o pé dele, ele usa os flexores do quadril, o que gera maior aplicação de força. Nesses casos temos que trabalhar a mobilidade da lombar para que adquira o movimento.

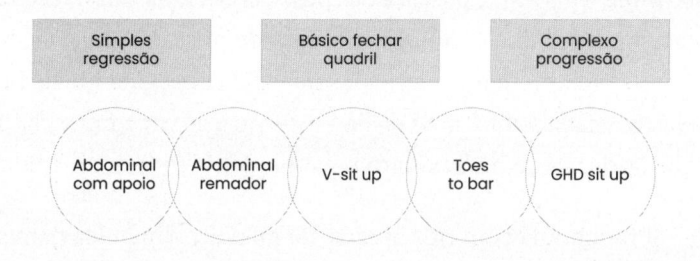

| Simples regressão | Básico fechar quadril | Complexo progressão |

| Abdominal com apoio | Abdominal remador | V-sit up | Toes to bar | GHD sit up |

Abdominal remador, depois *v-sit up* (canivete), *toes to bar* e *ghd sit up*. Acredito que *toes to bar* seja até mais avançado na técnica, mas a exigência do abdômen é muito maior no ghd sit up. No *toes to bar* dependendo da técnica, usará muito dorsal, peitoral e até quadríceps com menos abdômen, se dominar todas as técnicas conseguirá variar bastante.

Estabilização, primordial começar fazendo um *deadbug* estático, basicamente, todo mundo deve conseguir fazer. Pranchinha todo mundo faz, depois, passar para o *deadbug* dinâmico. É quando começa a desassociar os membros e a pessoa consegue manter a estabilização.

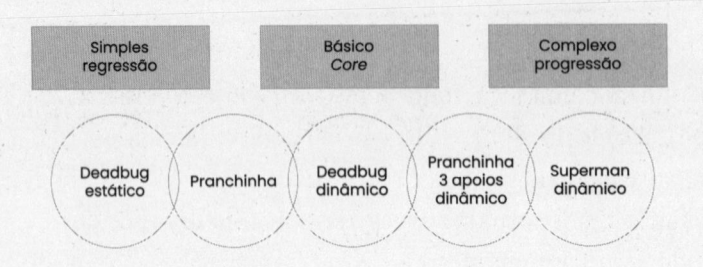

Simples regressão	Básico *Core*	Complexo progressão
Deadbug estático / Pranchinha	Deadbug dinâmico / Pranchinha 3 apoios dinâmico	Superman dinâmico

É muito semelhante ao que fazemos quando andamos, quando corremos, já observou uma pessoa que não tem a capacidade de andar de maneira funcional? se movimenta estranho, meio mole. Observe a postura das pessoas em uma fila, é raro não estarem encostados ou totalmente fora de postura. Hoje, as pessoas passam tanto tempo sentadas que não conseguem mais ficar em pé, o *deadbug* dinâmico ensina o corpo a ativar a musculatura estabilizadora que irá auxiliar no ganho dessa funcionalidade.

Pranchinha com três apoios, de maneira dinâmica para ser mais difícil, e o Superman, no pranchão sem uma perna e sem o braço oposto, é o mais avançado. Isso vai muito longe, é só um exemplo, se entrar no universo da ginástica, vai embora, considere ainda o elemento da intensidade.

Passamos um por um, cada padrão de movimento, agora é possível montar um treino pensando nos padrões e em uma progressão de movimento.

O ideal é que cada treinador tenha uma lista com todos os movimentos que deseja aplicar no seu aluno. Faça uma planilha no Excel, em uma coluna coloque todos os exercícios que existem de empurrar na vertical; depois puxar na vertical e coloque todos os exercícios que existem, e assim por diante.

Quando for montar o treino fique com a lista aberta e consulte cada padrão de movimento que deseja utilizar, a variedade de exercícios é gigantesca.

Conseguirá todo dia um treino novo, seu aluno não irá perceber que ele está empurrando na vertical, porque um dia fará *press*, no outro dia *push press*, no outro *push jerk*, no outro, flexão plantando bananeira; noutro, flexão pico, no outro *press* simultâneo, no outro dia alternado, outro com isometria. Veja quantas variações pode ter, mas tenha tudo catalogado.

Faça uma biblioteca de exercícios. Tem quem venda biblioteca de exercícios, a informação está amplamente disponível, acredito que não precise comprar. Faça a sua, se pesquisar em inglês, por exemplo, variações do *press*, encontrará trezentas!

INTENSIDADE

Quem estuda treinamento desportivo há mais tempo sabe que antes do *Cross Training*, intensidade era simplesmente a carga que levantava. E muito se falava de densidade, que é uma razão entre a quantidade de carga pelo tempo total do treino.

Com o crescimento do *CrossFit®* a intensidade ganhou outro aspecto:

"A intensidade, como a definimos, é exatamente igual à potência média **(força x distância/tempo)**. Em outras palavras, quanto trabalho real você fez e em que período de tempo? Quanto maior a potência média, maior a intensidade."

Aqui utilizamos o conceito de intensidade como essa taxa: **força x distância / pelo tempo.**

A intensidade começou
a ser utilizada como potência
média, muito parecido com o
termo de densidade.

HENRIQUE DANTAS PINTO

Se tinha um treino de 100 repetições e demorava 50 minutos para executar, no outro treino eram 100 repetições em 30 minutos, o segundo treino é mais denso. Hoje em dia esse treino é considerado mais intenso.

Quanto maior a potência média mais intensidade.

A força é a carga levantada, se for o peso corporal é o seu peso. A distância é o arco do movimento, quanto o seu centro de gravidade variou naquele momento, se estiver fazendo back squat, por exemplo, pega a movimentação da barra e divide pelo tempo; no treino mais intenso fará com mais carga (força) e/ou mais repetições (distância), no menor tempo possível.

Essa forma de encarar a intensidade permitiu que fossem criados vários tipos de treinos que mesclassem elementos diferentes, volumes diferentes e formas de conduzir a prática, como um número x de repetições no menor tempo possível, ou em um tempo x ver quem consegue repetir mais vezes uma tarefa. Essa é a base das competições de *CrossFit*® que fazem tanto sucesso.

Fazer 10 agachamentos livres no menor tempo possível, para uma pessoa de menor estatura é mais fácil, já em outro movimento o maior pode levar vantagem, saltar na caixa, no remo, mas na hora de fazer um *handstand push up*, um *handstand walk* os mais baixos levam vantagem. Na corda, o altão estende a mão e já está lá em cima, o menor fica subindo por um tempo maior.

A maior carga que conseguir levantar, o maior número de repetição, no menor tempo possível.

O nosso tempo é o dividendo,
quanto menor o divisor, maior o resultado
final, matemática básica.

HENRIQUE DANTAS PINTO

INTENSIDADE PARA QUEM?

Mas isso deve nos levar a uma reflexão, quem deve ser submetido a uma intensidade alta?

Os pilares do *CrossFit*® são o treinamento funcional de alta intensidade constantemente variado. Para os profissionais de alto valor, a segurança sempre deve estar em primeiro lugar, antes da intensidade. Seu cliente não pode se machucar, ele irá parar de pagar e quando se machucar, o mercado não te contratará mais se isso se repetir.

A segurança deve ser implementada, é cultura, coloque o seu ego de lado e faça com uma carga leve, senão irá se machucar, acontecem acidentes gravíssimos.

É cultural, devemos ensinar o nosso aluno que primeiro ele deve aprender a se movimentar de maneira segura e depois evoluir para ter intensidade.

Um dos objetivos desse livro é que você, após lê-lo e aplicar os conceitos aqui expostos, possa aumentar o seu faturamento, queremos que alcance um alto padrão, tem espaço para isso no mercado, então reflita sobre isso.

A escola búlgara de treinamento de força usa carga máxima quase todos os dias, os americanos do *powerlifting* fazem entre 100, 120 levantamentos máximos por ano. Os búlgaros, 360.

Metade dos búlgaros se machucam no caminho, mas quem não se machucar será campeão mundial.

Não podemos fazer isso com nossos clientes, cuide bem do seu cliente, somos prestadores de serviço e devemos prestar serviços de qualidade, por mais que precise puxar o freio em um dia para poder ter mais intensidade noutro.

ROSSCROS
AININGTRAININ
ROSSCROS
AININGTRAININ
ROSSCROS
AININGTRAININ
ROSSCROS
AININGTRAININ
ROSSCROS
AININGTRAININ
ROSSCROS
AININGTRAININ

AS CAPACIDADES FÍSICAS

Não há um consenso na literatura sobre quantas capacidades físicas possuímos. Antônio Carlos Gomes (2002) em seu livro *Treinamento Desportivo – Estruturação e Periodização*, fala do período sensível do desenvolvimento de seis capacidades, **velocidade, velocidade-força, força, coordenação, flexibilidade e resistência.** Já Platonov (2008), em seu extenso , discorre sobre cinco capacidades: **velocidade, flexibilidade, força, coordenação e resistência.** Greg Glasman difundiu outra classificação com 10 capacidades: **força, velocidade, potência, resistência cardiorrespiratória, flexibilidade, resistência aeróbica, coordenação, agilidade, precisão e equilíbrio.**

Essas diferenças ocorrem por alguns autores considerarem algumas capacidades como secundárias, tendo origem ou causa em outra principal.

O mais importante é definir qual classificação utilizar e principalmente como gerar as adaptações morfofuncionais, ou seja, o resultado de melhora no desempenho ou aptidão física.

Lembrando que *Cross Training* é um sistema que mistura diferentes métodos de treinamento para desenvolver a aptidão física, é preferível o modelo de **10 capacidades** físicas, já que teremos um momento e um método certo para desenvolver cada uma delas.

Toda capacidade física deve ser estimulada de maneira diferente em um momento certo dentro da periodização.

Mas, além disso, cada uma tem uma forma mais eficaz e objetiva de ser trabalhada.

Aqui venho com uma lista exemplificativa de alguns métodos que podemos nos especializar. Não tenho pretensão de esgotar todos os métodos de cada capacidade, nem mesmo ditar quais os melhores, apenas citar alguns, principalmente os modelos que se encaixam muito com o sistema de treino do *Cross Training*.

CAPACIDADES FÍSICAS	
	Força
	Velocidade
	Potência
	Resistência cardiorrespiratória
	Flexibilidade
	Resistência aeróbica
	Coordenação
	Agilidade
	Precisão
	Equilíbrio

FORÇA

Existem vários métodos para desenvolver força. O basismo ou *powerlift*, é um esporte conhecido por produzir os homens mais fortes do mundo. Nesse esporte ganha quem somar a maior carga levantada no *deadlift*, supino e no *back squat*. A nossa obrigação é conhecer e dominar os diferentes métodos que desenvolvem força para aplicarmos no melhor momento. Ressalto aqui, o método da Westside Barbell e o método 5/3/1, por se adaptarem muito bem aos treinos de outras capacidades físicas.

Aqueles que utilizam o modelo da musculação têm mais facilidade para desenvolver força, mas apresentam maior dificuldade em outras capacidades. De forma oposta, o modelo de treinamento em circuito, aplicado muitas vezes em praças, manifesta grande dificuldade em desenvolver níveis de força máxima e submáxima em seus clientes.

VELOCIDADE

As metodologias de desenvolvimento da capacidade de velocidade se relacionam muito com a melhora de outra capacidade, a coordenação. No desenvolvimento da velocidade inicia-se aperfeiçoando de maneira isolada a técnica do movimento da ação específica que está sendo trabalhada, e então inicia o aperfeiçoamento da frequência dos movimentos, sempre executados na velocidade quase máxima ou máxima.

Exercícios de *fast feet*, de *sprints*, jogos lúdicos competitivos são exemplos de atividades para se trabalhar a velocidade. Mas sempre garantindo o descanso entre séries, já que sob fadiga haverá diminuição da capacidade de contração muscular.

É comum encontrarmos treinos de tiros no qual o descanso é supercurto, como no caso de EMOMs (*Every Minute on Minute*) no qual é exigido realizar um Sprint de algo em torno de 30m (tiro de 30 metros por minuto durante um determinado número de minutos). O grande problema que assim não se desenvolve a velocidade, o aluno não recupera o estoque de energia, e cansado não produzirá velocidade. Pode até ser um treino bom, um bom *HIIT* para trabalhar a capacidade cardiorrespiratória, mas não velocidade.

FLEXIBILIDADE

Existem vários métodos para o desenvolvimento dessa capacidade física e muita discussão sobre o assunto. O prof. doutor Abdallah Achour Junior possui uma extensa lista de publicações sobre esse tema. Outro autor que se sobressai no trabalho dessa valência física é o doutor Kelly Starrett.

O mais importante para nós é dominar algum método que se encaixe com o sistema do *Cross Training*, ou seja, deve possuir diversos exercícios com determinados parâmetros de intensidade e volume para serem aplicados antes ou depois de treinos de força, potência, velocidade e metabólicos. Afinal, de que adianta dominar um método que desenvolva uma capacidade mas não possa ser aplicada na mesma sessão em conjunto com outros trabalhos? Para o nosso sistema é fundamental a possibilidade de combinar o trabalho de duas ou mais capacidades físicas.

Um método que se destaca é o FNP (facilitação neuromuscular proprioceptiva) que propõe um sequência de alongamento passivo, contração concêntrica controlada seguida por um novo alongamento passivo objetivando ganho de amplitude.

COORDENAÇÃO

Essa capacidade visa manifestar ações e habilidades motoras garantindo alta eficácia dos movimentos.

O nível de coordenação depende da avaliação de informações dinâmicas, espaciais e temporais dos movimentos. Deve ser trabalhada utilizando exercícios de multitarefas, corda, polichinelo, escadinha de agilidade em ritmos diferentes, aumentando gradualmente o nível de dificuldade e com acréscimo de movimentos e alterando a forma de realização e sequência entre eles.

De maneira geral, a coordenação deve ser exercitada fora do estado de fadiga, em condições em que o aluno consiga ter o máximo possível de controle sobre sua própria ação motora.

POTÊNCIA

A potência é resultado da expressão combinada da força e da velocidade. É a expressão de força aliada com tempo de movimento. O método mais praticado hoje para desenvolvimento da potência é LPO (levantamento de peso olímpico), porém exige um elevado grau de aperfeiçoamento técnico. No entanto, o LPO não é o único meio de desenvolver a potência, pelo contrário, muito antes de se utilizar desse esportes já se trabalhava a potência por meio de saltos. Foi difundido pelo grande treinador e autor Y. V. Verkhoshanski como metodologia de treinamento de choque, ou também conhecido por pliometria. É necessário menor desenvolvimento técnico, não exige tantos equipamentos, mas exige bom conhecimento para aplicação adequada sem lesionar o aluno.

Se quer aplicar LPO, busque quem sabe na prática, tenha paciência e persistência no processo. Caso não, utilize os equipamentos olímpicos apropriados, aprenda sobre treinamento de choque do Verkhoshanski.

RESISTÊNCIA CARDIORRESPIRATÓRIA

Essa capacidade física diz respeito a otimização de sistema de produção de energia por via oxidativa. Iremos abordar mais à frente as vias metabólicas onde explicaremos os trabalhos desse sistema.

Porém, gostaríamos de lançar luz a importância de dominar essa capacidade. Para ganhar dinheiro todos deveriam sair da faculdade sabendo duas coisas: como emagrecer e como hipertrofiar. São os dois maiores nichos do Brasil. Para emagrecer é preciso melhorar o VO^2, melhorar o sistema oxidativo e como consequência a metabolização da gordura.

Para melhorar essa capacidade física podemos utilizar de atividades mono estruturais que desenvolvem o sistema cardiorrespiratório, mas também podemos lançar mão de circuitos metabólicos ou métodos de mais alta intensidade como *HIIT (high intensity interval training)*.

RESISTÊNCIA LÁTICA

Essa capacidade física diz respeito ao treinamento de um dos sistemas de fornecimento de energia, o sistema lático.

Podemos trabalhar utilizando métodos de intensidade, como *HIIT (high intensity interval training)*, *HIRT (high intensi-*

ty resistence training). O grande segredo aqui é trabalhar a via anaeróbica.

Em um treino de potência aeróbica, mais extenso que o lático, o corpo acumula lactato em um nível que é capaz de suportar e entra na aeróbica, é potência aeróbica. Esse é o *CrossFit*®, usar elementos de resistência muscular para aumentar a intensidade. Os melhores atletas de *CrossFit*® são aqueles que têm a melhor capacidade cardiorrespiratória, porque permite que vá à potência aeróbica e à potência lática por muito mais tempo, que são os *wod (work of day)* de *CrossFit*®.

Iremos abordar mais sobre esse tema mais a frente quando explicarmos as vias metabólicas.

EQUILÍBRIO

Devemos sempre pensar em equilíbrio como a capacidade de preservação da postura, quer seja exigida em um caráter estático ou dinâmico.

Dentre os fatores básicos que influenciam nesta capacidade estão o sistema visual, auditivo, vestibular e somático-sensorial, se destacando a parte proprioceptiva como orientador do sistema motor.

Os trabalhos para o aprimoramento dessa capacidade têm por objetivo melhorar o controle e manutenção do corpo em relação ação da gravidade e base de suporte.

Inicialmente as tarefas envolvem manutenção do equilíbrio sobre uma perna com movimentos de tronco, braços e da perna livre, mudanças dos movimentos de acordo com sinais externos sempre mantendo a postura e realização de ações motoras com olhos fechados (Platonov, 2008).

PRECISÃO

É a capacidade de controlar os movimentos em uma dada direção ou com uma dada intensidade (CF Trainer Guide). É uma capacidade que advém da prática específica, assim como na capacidade de equilíbrio, a precisão também envolve elementos do sistema visual, auditivo, vestibular e somático-sensorial.

Qualquer objeto serve para treinar a precisão do seu aluno. Uma bolinha para acertar um alvo, uma cesta de basquete, chutes em geral. Mas não somente com objetos externos se treina a precisão, é indispensável treinar também a precisão dos movimentos do próprio corpo, isto significa qualquer ação motora com um objetivo claro, como, por exemplo, saltar para cair em uma determinada região demarcada, ou ainda pular e alcançar um local determinado.

AGILIDADE

A agilidade é a capacidade de trocar de direção rapidamente, ou seja, mudar o sentido do deslocamento do corpo ou parte dele. Essa capacidade combina elementos de força, velocidade e coordenação.

Os trabalhos que visam a melhora dessa capacidade buscam sempre diminuir o tempo de mudança entre a orientação de um movimento em um determinado sentido e outro em um sentido diferente.

Os exercícios com cones e escada de agilidade são os mais famosos e fáceis de serem introduzidos na rotina de treino, mas não são os únicos. Todo trabalho de técnica de corrida, saltos e lançamentos auxiliam de maneira secundária no ganho de agilidade.

De maneira primaria o trabalho de agilidade deve conter uma tomada de decisão prévia ao movimento, na qual o aluno responde a um estímulo externo - que pode ser um comando de voz, um apito ou um estímulo visual - para então mudar de direção ou orientação de movimento. Ou seja, o tempo de mudança de direção ou mesmo de padrão motor vem logo em seguida a uma tomada de decisão ou resposta a um estímulo exterior.

AS VIAS METABÓLICAS

Vamos entrar agora em uma parte que envolve mais a fisiologia do exercício e bioquímica. Abordaremos os conceitos básicos, independe se trabalha com atletas, no campo, na quadra ou com indivíduos que visam saúde e qualidade de vida, com treinamento funcional, *CrossFit*®, ou mesmo musculação. Os conceitos fundamentais são os mesmos.

Vamos ver a diferença entre as vias energéticas e como trabalhamos cada uma delas para determinar onde e como montar os treinos com essa linha de raciocínio, independentemente do tipo do seu aluno, seja ele um atleta ou não.

Vamos recordar que todos os alimentos que ingerimos vão sendo quebrados e viram acetil-CoA, que alimenta a mitocôndria para que produza ATP e faça toda a ressíntese de ATP.

Isso é importante porque determina a velocidade com que a energia é produzida e ressintetizada, e isso muda tudo, está totalmente ligado com as fibras musculares que serão recrutadas.

Quando for fazer uma contração, um movimento, precisa de uma contração muscular, a depender do movimento que se utilize, com força, potência e com a velocidade que for utilizar o seu corpo terá uma resposta, ativando determinadas fibras musculares e isso irá diferenciar a velocidade da produção de energia.

Essa é a importância de se entender a via desde o começo, desde a via de alimentação de energia de cada uma dessas vias, quando vamos fazer uma contração muito rápida ativando a fibra de contração branca, a fibra de contração mais rápida que tem, o nosso corpo se utiliza da via energética que já tem a energia estocada, que é a via do ATP, a via ATP CP, utilizamos essa via porque precisamos de um movimento muito rápido e explosivo, como o corpo faria se essa energia estivesse longe? Demoraria muito, então ele utiliza essas fibras musculares que já têm energia ali, já utiliza essa energia que está estocada dentro da fibra muscular.

Quando continua necessitando de energia de força, ainda com alta intensidade, nosso corpo começa a utilizar a via glicolítica e isso já começa a mudar a prevalência do tipo de fibra que está sendo recrutada, e depois, se ainda continuar, entra na via oxidativa, que é a fibra de contração mais lenta.

SISTEMAS ENERGÉTICOS

Agora vamos para os sistemas energéticos propriamente ditos, nessa imagem podemos ver a delimitação das vias de acordo com o tempo.

| | 0s | 4s | 10s | 1,5min | 3min+ |

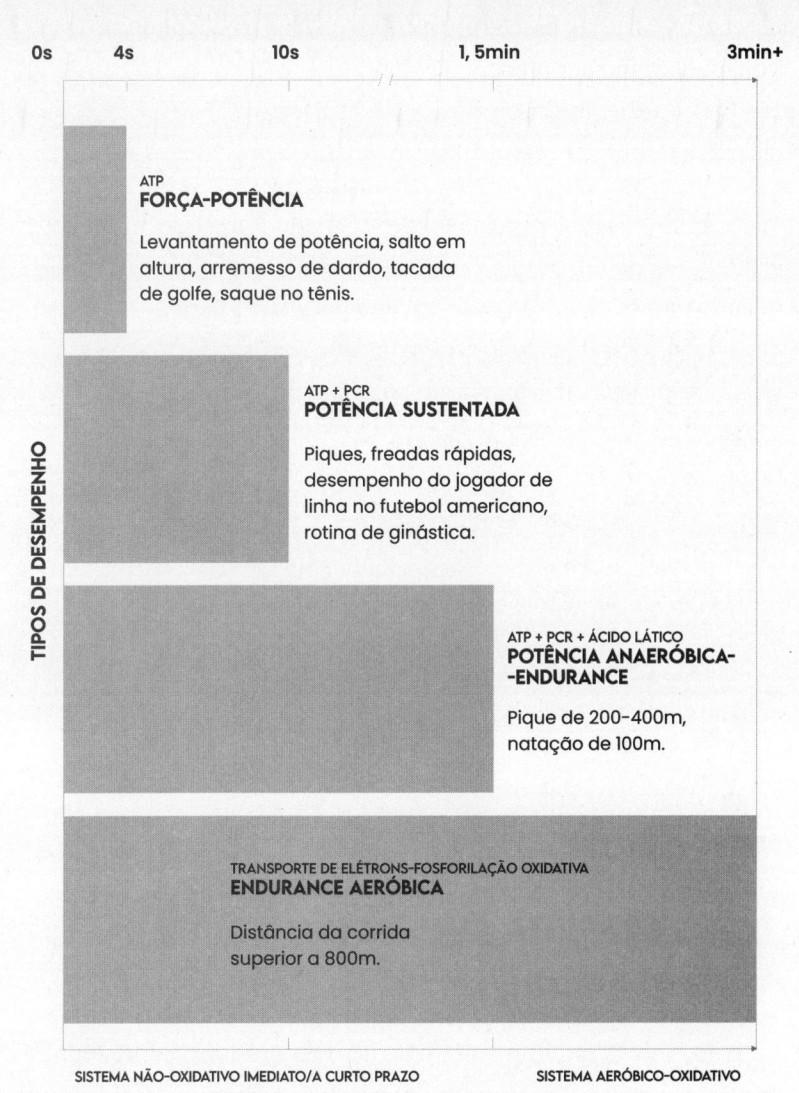

TIPOS DE DESEMPENHO

ATP
FORÇA-POTÊNCIA

Levantamento de potência, salto em altura, arremesso de dardo, tacada de golfe, saque no tênis.

ATP + PCR
POTÊNCIA SUSTENTADA

Piques, freadas rápidas, desempenho do jogador de linha no futebol americano, rotina de ginástica.

ATP + PCR + ÁCIDO LÁTICO
POTÊNCIA ANAERÓBICA--ENDURANCE

Pique de 200-400m, natação de 100m.

TRANSPORTE DE ELÉTRONS-FOSFORILAÇÃO OXIDATIVA
ENDURANCE AERÓBICA

Distância da corrida superior a 800m.

SISTEMA NÃO-OXIDATIVO IMEDIATO/A CURTO PRAZO   SISTEMA AERÓBICO-OXIDATIVO

VIAS ENERGÉTICAS PREDOMINANTES
(MCARDLE, 1996)

Nesse gráfico que uso como base, podemos ver exatamente as curvas. Utilizo esse gráfico como padrão e nele podemos ver o que realmente acontece.

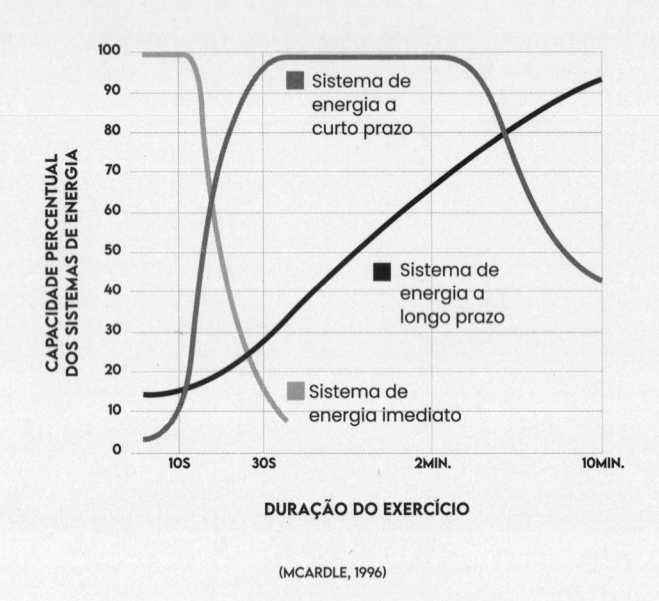

Gráfico: Capacidade percentual dos sistemas de energia × Duração do exercício. Sistema de energia a curto prazo, Sistema de energia a longo prazo, Sistema de energia imediato. (MCARDLE, 1996)

Entre zero e 20 segundos é a via do ATP CP e ele cai chegando até 30 segundos, consegue utilizar essa via, mas não com predominância até 30 segundos, ela cruza com a linha amarela por volta dos 20 segundos, por isso utilizo ela de zero até 20 segundos, esse é conceito do McArdle.

Depois dessa linha amarela, ela fica predominante depois dos 20 segundos e se estende até aproximadamente dois minutos. Ela passa um pouco de dois minutos, consegue fazer com que uma pessoa bem treinada chegue a 240 segundos utilizando a via glicolítica como predominante, depois, por último, a via mais aeróbica.

Em estudos com atletas, um teste de potência lática dura aproximadamente 60 segundos. O teste de potência alática, sendo o seu mais famoso o teste de Wingate, que é um teste de 30 segundos no ciclo ergômetro, são apenas 30 segundos e é potência alática, acaba mensurando também a quantidade de lactato nesse teste, mas o principal é a potência gerada de zero a 30 segundos.

Para alguns autores, como Weineck (1999) resistência anaeróbica alática é a capacidade de um músculo realizar movimento quando uma atividade física de intensidade que podem durar até 50 segundos. Ele ainda considera intensidade elevada quando a atividade utilizar mais de 1/6 a 1/7 do total da musculatura esquelética. Não que durante todo esse tempo ela esteja em predominância.

Quando analisamos os testes mais anaeróbicos láticos, com maiores produção de lactato, observamos testes que vão até três minutos, é esse parâmetro que utilizamos como base.

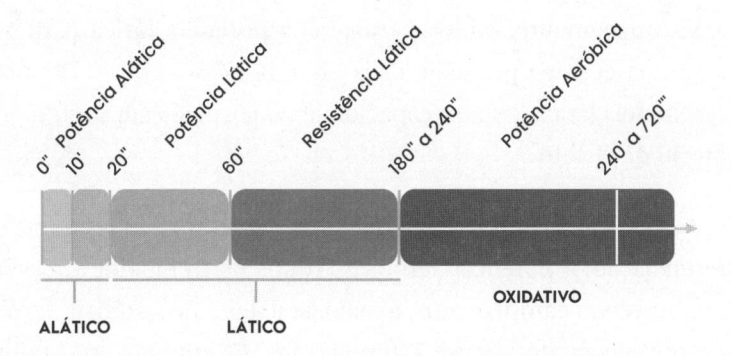

Esse é uma linha do tempo, encontramos em vários autores. Mas é muito difícil encontrarmos dessa maneira, normalmente está em gráfico. A preferência de analisar como linha do tempo vem por conseguirmos considerar melhor cada uma das três vias, já que temos segmentado dentro do alático e dentro do lático outras duas subdivisões. Dentro da via alática temos a potência alática, de zero a 10 segundos, e a resistência alática de 10 a 20 segundos. E dentro do lático a potência lática e da resistência lática.

Repare na diferença de possibilidade de trabalho dentro do alático. Mesmo sem produção de lactato, consegue-se trabalhar com esse tempo de atividade mais próximo dos 10 ou dos 20 segundos, então trabalhamos de 10 a 20 segundos para que a pessoa consiga empregar mais energia, utilizando de maneira mais eficiente essa energia que já está estocada. Quando utilizamos de zero a 10, utilizamos a energia com uma contração só ou com menos contrações, e isso já traz uma diferença.

Também observamos diferenças de tempo de trabalho dentro do sistema lático, a potência lática de 20 até 60 segundos, aproximadamente, onde se trabalha a **potência lática** para que a pessoa consiga produzir mais energia nesse tempo. Depois a resistência lática, que é a capacidade do corpo de suportar a produção de lactato.

Depois vem o sistema oxidativo, que também tem uma diferenciação, a potência aeróbica. Todos os treinos de *CrossFit*® que se vê em campeonatos, a maioria deles é de potência aeróbica, porque vai de 240 até 720 segundos, 12 minutos no máximo. Consegue-se gerar e manter essa energia em uma potência muito alta, é potência aeróbica, o corpo utiliza a via oxidativa a todo momento para fazer a ressíntese do lactato.

Se memorizar essa linha facilita muito montar treinos, conseguirá organizar o objetivo do seu aluno, o perfil do seu aluno e o que deseja trabalhar com ele.

Nessa linha já terá a divisão do que irá trabalhar e onde se encaixa. Memorize bem essa imagem, ela identifica o que será trabalhado e o porquê veremos mais adiante.

Tabela 10.1 Fornecimento de energia para trabalho muscular

Fontes	Via de formação	Período de tempo da ativação ao nível máximo (s)	Prazo da ação (duração)	Duração da liberação máxima de energia
Anaeróbia alática	ATP, creatina fosfato	0	até 30s	até 10s
Anaeróbia lática	Glicose com formação de lactato	15-20	De 15 a 20s até 5 a 6 min	De 30 até 1min30s
Aeróbia	Oxidação dos carboidratos e gorduras pelo oxigênio do ar	90-180	Até algumas horas	2 a 5 min ou mais

(P. 213 DO PLATONOV, 2008)

Esta tabela exposta por Platonov (2008) corrobora com a abordagem das vias energéticas analisadas em forma de linha de tempo e também nos ajuda a diferenciar, na montagem de treino, os diferentes trabalhos dentro de cada via metabólica.

Devemos ter em mente que essas vias não ocorrem sozinhas, não existe uma via que funcione sozinha, na verdade uma sustenta a outra, uma apoia a outra o tempo inteiro.

Nesse gráfico do McArdle podemos ver muito bem. Na primeira coluna a predominância é de ATP CP, a parte do ATP CP maior, a via glicolítica já utilizando a glicose para a produção de energia, e o aeróbico bem pouco.

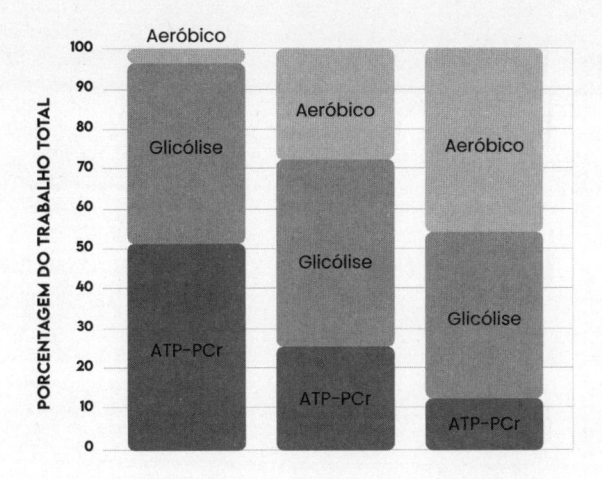

Na segunda coluna podemos ver que isso se inverte. A via glicolítica já predomina, mas a ATP CP está funcionando a todo momento. Ela é a base, e a aeróbica já aparece bem. Se continuar passamos para a terceira coluna que é a via aeróbica. Como predominância temos a via aeróbica, nunca temos uma via energética funcionando sozinha, sempre uma apoiando a outra.

Esse outro gráfico é um pouco mais ilustrativo e já que deixa claro a interação entre os sistemas.

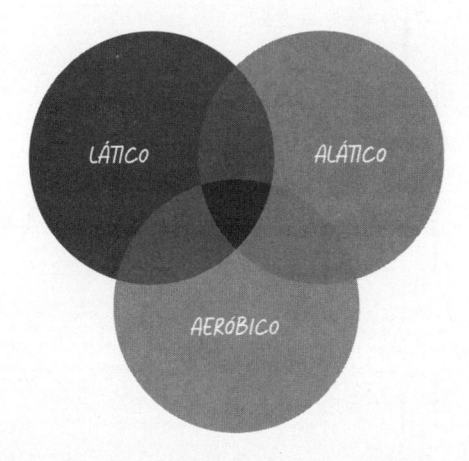

A MELHORA DO METABOLISMO POR MEIO DO TREINAMENTO

Nessa imagem retirada do livro de Ghorayeb, *Turibio* (1999) vemos a melhora que podemos alcançar no metabolismo com um treinamento bem feito com alta intensidade. Conseguiram verificar um aumento de todas essas capacidades nesse trabalho com a via lática, das enzimas anaeróbicas. Reparem que houve uma melhora em todo o sistema anaeróbico, todo sistema glicolítico e de ATP CP. Com um treinamento bem feito, de alta intensidade, consegue melhorar tudo. Notem como é importante o estímulo de maneira correta dos nossos alunos.

(GHORAYEB, TURIBIO, 1999)

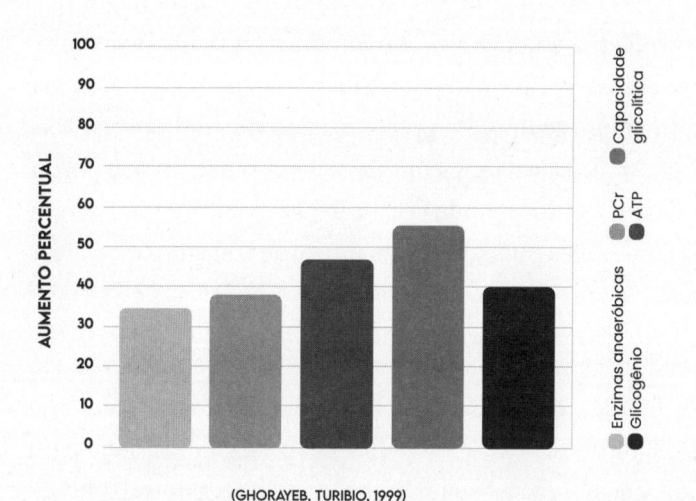

Fig. 21.3. Potencial generalizado para aumentos no metabolismo energético anaeróbico do músculo esquelético com o treinamento árduo.

Vamos entrar mais a fundo em cada uma dessas vias: **alático, lático e oxidativo.**

Por questões pedagógicas iremos aprofundar no tema utilizando a comparação. Por isso, as vias energéticas ficaram todas dentro desse mesmo capítulo, mas peço bastante atenção e concentração.

Confiem na sua capacidade de atenção, sem cortes e interrupções, para que consigam captar e aprender o máximo possível na comparação entre elas.

VIA ALÁTICA

A via alática é o metabolismo que utiliza o ATP CP e a ressíntese de CP, de creatina, como sua principal fonte de energia. Essa via utiliza a energia onde ela será trabalhada, na fibra muscular. É onde está o ATP CP, essa via é rápida e potente justamente por se utilizar de uma energia que já está ali, já está onde será utilizada, por isso que ela é tão rápida.

O problema é que essa via tem pouca capacidade de fazer ressíntese dessa energia, não consegue produzir energia por essa via durante muito tempo, irá precisar do auxílio das outras. Mas na hora que precisa de uma contração bem rápida, o seu corpo utiliza a energia no local onde já está armazenada. Tendo isso em mente já consegue visualizar em qual tipo de trabalho irá utilizar essa via.

Essa imagem é um zoom naquela linha do tempo. A via alática é dividida em duas, de zero a 10 segundos, exatamente mais próximo de oito segundos do que 10 segundos. Mas para nós vamos considerar 10 segundos. É onde é feito o trabalho de potência lática, é onde vamos trabalhar para melhorarmos a eficiência dessa via. E de 10 a 20 segundos a resistência alática vamos trabalhar no sentido de perdurar mais dentro dessa via. São dois trabalhos diferentes.

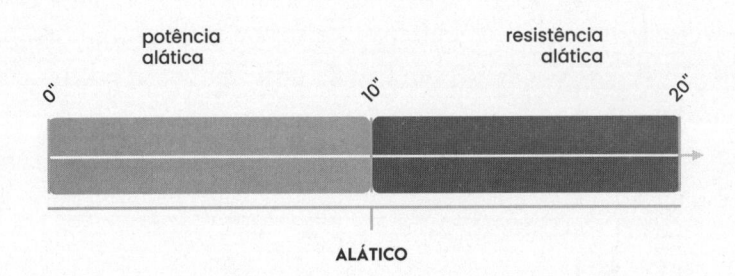

```
       potência              resistência
       alática                alática
  0"              10"                    20"

                   ALÁTICO
```

Quando falamos de alático o que significa? Esse prefixo "a" significa negação, ou seja, ele não produz lactato. Se continuar com esse trabalho por mais tempo começará a produzir lactato, sairá dessa via, fazemos um trabalho de potência alática para melhorar a eficiência dessa via e um trabalho de resistência lática para tentar manter por mais tempo essa ressíntese de creatina sem precisar formar lactato. Essa é a diferença desses dois trabalhos, por isso dividimos de zero a 10 segundos e de 10 a 20 segundos.

E POR QUE É IMPORTANTE TRABALHARMOS ESSA VIA?

Para começarmos a ver na prática, em que aluno irá utilizar, qual aluno necessita disso de maneira mais urgente, em que momento do treino irá usá-la, em que momento da periodização, em qual momento da semana. Vamos ver e saber isso a seguir.

É nessa via que trabalhamos a mecânica - controle eficiência do movimento – então quando queremos trabalhar a mecânica do movimento, melhorar a técnica, trabalhamos dentro dessa via. É nessa via que se melhora a coordenação do seu aluno.

É nessa via também que se tem o maior estímulo para o aumento de testosterona, um dos motivos de ser importantíssimo trabalhar essa via. Todo mundo quer testosterona, as pessoas pagam uma fortuna no chip da beleza para terem mais testosterona no corpo, mas pode ter de maneira natural e muito mais saudável sendo estimulada por essa via.

Conseguimos aumentar a ativação das fibras de contração rápida, justamente trabalhando nessa via. Melhora e aumenta a ativação dessas fibras e, por meio disso, melhora o tônus muscular. É a fibra branca que dá tônus muscular, se as mulheres soubessem disso elas só iriam querer trabalhar nessa via, e é nessa via que se trabalha a ativação neural de novas fibras, é um trabalho de ativação na placa motora. A placa motora entende que deve jogar mais enervação para alcançar novas fibras musculares, fibras do tipo brancas, e trabalhamos isso por meio dessa via alática.

E fazemos ainda uma outra coisa muito importante que é o trabalho emocional do desenvolvimento da força.

A força tem um papel emocional enorme. Quantas vezes não pegamos um aluno inexperiente que não consegue levantar uma determinada carga que sabemos ser possível, mas quando está sendo estimulado a fazer uma força que nunca fez antes emocionalmente ele não está preparado. Nesse momento deve trabalhar com repetições curtas com uma carga mais alta, para emocionalmente prepará-la melhor para esse tipo de trabalho.

COMO TRABALHAMOS ESSA FIBRA?

São movimentos menores ou aproximados de 20 segundos. Vai desde um único movimento, um levantamento máximo, um salto, até algumas repetições com TEMPO rápido. O tempo com letra maiúscula é em relação ao tempo do movimento.

O trabalho irá ocorrer abaixo da zona de fadiga, isso é importante. Não se pode produzir lactato, que é onde começa a sentir os efeitos da fadiga, então esse trabalho é abaixo dessa zona.

Como ele ocorre abaixo da zona de fadiga é um bom método para desenvolver o controle motor e evoluir o movimento. Assim estará sempre trabalhando o seu aluno antes dele fadigar, então ele não apresentará defeitos no movimento, o controle motor dele estará contanto com toda a energia e conseguirá controlar melhor o movimento para uma repetição, dependendo do movimento pode ser de até sete repetições. Em movimentos curtos como flexão de braço, *press*, consegue atingir nesse intervalo até sete repetições, é desse jeito que trabalhamos essa via.

Temos um exemplo de um treino real. Todos os treinos que colocados aqui são treinos reais que já foram aplicados com meus alunos.

Um homem de 45 anos que tem um nível intermediário de treinamento, pratica Jiu-jítsu duas vezes por semana, joga tênis uma vez por semana e faz treinamento funcional duas vezes por semana. A base do seu treinamento funcional é melhorar no Jiu-jítsu, a atividade que mais gosta e deseja competir.

EXEMPLO

Homem, 45 anos
Nível intermediário
Praticante de BJJ (2x semana e tênis (1x semana)
Treino 2x TF

A:
6x
A1: 3 power cleans #75%
A2: 5 a 7 landmine press DB (ERR 9)
45"a 60" descanso entre cada série

B:
6x
B1: 3 a 5 pull up strict (ERR 9)
B2: 5 avanço lateral (ERR 9)
45"a 60" descanso entre cada

C:
5x
5 slamball TTG + sprawl (<15")
60" descanso

O treino está dividido em três partes. Na primeira parte "A" foram seis rounds de dois movimentos, o A1 foram três *power cleans* com 75%. Devemos considerar que o nível dele é intermediário, então ele já domina a técnica e consegue fazer os três movimentos do *power clean* de maneira eficiente, com descanso de 40 e cinco a 60 segundos entre cada um.

Depois de cinco a sete *landmine press* com *dumbdell*. Se não conhece esse exercício, vale a pena procurar, para que veja como ele é um movimento curto, por isso consegui jogar ele de cinco a sete repetições. E por que de cinco a sete? Colocamos uma escala de reserva de repetição de nove (ERR 9), ou seja, para ele fazer até ter a sensação que poderia, no máximo, fazer mais uma. Se fizesse cinco e conseguisse no máximo seis, já poderia parar, com um descanso de 45 a 60 segundos entre cada uma.

Ele fez seis vezes isso, A1 e A2, três *power clean*, com o braço direito, por exemplo, e fez de cinco a sete repetições, depois três *power clean*, e com o braço esquerdo fez de cinco a sete repetições, acabou fazendo três séries com cada braço e seis séries de *power clean*, sempre descansando entre 45 e 60 segundos entre cada série.

Depois um descanso maior, de três a cinco minutos, segue para a parte "B", a segunda parte do treino, que também é composta por seis séries, B1 de três a cinco *Pull Up*, barra fixa, *Strict*, sem balanço, sem o *kipping*, também com uma escala de reserva de repetição de nove (ERR 9), descanso de 45 a 60 segundos e segue para a segunda parte, B2 avanço lateral segurando *Kettlebell* no peito, para um lado só as cinco repetições, descanso de 45 a 60 segundos e repete a barra, descanso novamente e repete o avanço lateral, mas agora alternando o lado, então foi trabalhando os dois lados, bem parecido com o anterior.

Depois a parte "C" onde trabalhei também na via alática, são cinco séries de cinco *Slamball*, onde tinha que tirar do chão, jogar acima da cabeça e bater no chão com toda a força a *Slamball*, por isso (TTG) *to the ground*, tira ela do chão leva acima da cabeça e joga no chão novamente, e faz isso com um *Sprawl*, a meta era fazer todas as cinco repetições abaixo de quinze segundos (< 15") descansando 60 segundos entre cada uma das séries.

Esse foi um treino que só trabalhamos a via alática com o aluno.

Perceberam como conseguimos trabalhar essa via nesse sistema durante todo o treino? Esse aluno, normalmente, ou faz o Jiu-jítsu um dia depois do treino, ou faz o Jiu-jítsu no mesmo dia pela manhã, realizando esse treino à noite, portanto, não conseguimos e nem podemos trabalhar ele sob o cansaço, ele já vem fadigado, normalmente é o segundo treino dele ou terá menos de 12 horas de descanso para o seu próximo treino, então trabalhamos essa via que melhora bastante a potência dele, utiliza tanto no tênis quanto no Jiu-jítsu, melhora os movimentos e a produção de força dele sem deixá-lo fadigado.

Percebam que o descanso é de quase três vezes o estímulo dado, então ele está sempre descansado, tem movimentos bons, eficientes, o risco de lesão é baixíssimo, conseguimos estimular a produção de força, testosterona e potência que irá utilizar no seu trabalho principal que é o Jiu-jítsu.

COMO TESTAR ESSA CAPACIDADE?

TESTES
1 RM - alunos avançados
10 RM - alunos intermediários
Saltos
Sprint air bike
30m run
Alunos iniciantes não fazem testes

Existem várias formas de testarmos essa via, essa é uma lista exemplificativa, ela não é exaustiva. E não é só isso, existem vários outros. Pelas características, podemos fazer diversos testes que se encaixam dentro dessa via. Uma repetição máxima para alunos avançados. Se tem alunos intermediários que ainda não têm a capacidade de realizar um teste de carga máxima, sugiro que façam testes com cargas submáximas, por exemplo com testes de 10 repetições.

Encontramos na internet esses testes, trabalhe com uma margem de segurança, com uma carga que seu aluno esteja acostumado a trabalhar para encontrar a porcentagem de carga que trabalhe essa via nesse teste.

Se for fazer três repetições, o ideal é trabalhar na faixa de 75% até 85% da carga máxima. Essa é a importância de ter a noção da carga máxima do seu aluno. Se não souber ainda, faça como já foi explicado com a escala de reserva de repetição (ERR), se tiverem dúvidas sobre isso elas devem ser sanadas, devemos saber isso daqui em diante.

Ainda podemos testar com saltos. Testes de saltos de altura, testes de saltos em distância, saltos triplos, sêxtuplos. Em todos esses saltos conseguimos testar essa via, sprint na *air bike*. Sugiro que os *sprints* sejam para os alunos de intermediário para avançado, no caso dessa via sugiro que os *sprints* sejam de no máximo 20 segundos. Não podemos replicar o teste de *wingate* que são 30 segundos porque esse é um teste para quem já tem uma boa capacidade.

O teste de corrida de 30 metros é um bom teste para testarmos essa capacidade. Tem potência, pode ser 10, 20 até 30 metros, mais do que isso dificilmente conseguirá replicar essa via, a não ser que seu aluno seja realmente um atleta.

E alunos iniciantes não fazem testes! Nessa via alunos iniciantes não realizam testes, não tem necessidade. Tem que analisar a capacidade funcional do seu aluno para fazer com que esse teste seja seguro.

SISTEMA LÁTICO

O sistema lático é o mais exemplificativo da via anaeróbica. Novamente o prefixo "a" de negação, anaeróbico não utiliza oxigênio, então é um metabolismo glicolítico que utiliza o sistema de produção de lactato como principal fonte de energia. O oxigênio não será a principal fonte de energia e sim o lactato, e a via glicolítica para a produção de lactato.

> O principal combustível dessa via vem por meio da glicólise, que pode ser rápida ou lenta.

Até 60 segundos é glicólise rápida e a partir dos 60, dependendo do nível do atleta até dois minutos, passamos para a glicólise lenta. Depende muito da capacidade do seu atleta. Se bem treinado consegue jogar isso para mais de dois minutos. Devemos trabalhar esse metabolismo para que fique mais eficiente até conseguir chegar o mais longe possível.

POR QUE TRABALHAR ESSA VIA?

Porque essa via aumenta o estoque de glicogênio muscular. Ao trabalharmos com atividades que demoram mais que 20 segundos já sabemos que estamos utilizando glicogênio muscular.

Passou de 20 segundos já estamos utilizando essa via, é por meio dessa via que irá melhorar o estoque de glicogênio muscular, ou seja, terá mais energia para trabalhar dentro dessa via.

É por meio dessa via que obterá os melhores aumentos de massa magra, é a hipertrofia gerada pelo estresse metabólico, hipertrofia sarcoplasmática.

Existem dois tipos de hipertrofia: a sarcoplasmática e a miofribilar, ou hipertrofia tensional, que trabalha mais no aumento do tamanho das miofibrilas e na quantidade de fibras. A via alática trabalha essa mais tensional, é a maneira de aumentar a quantidade de fibra contrátil, uma hipertrofia mais neural. Mas nessa via temos a hipertrofia mais clássica, que é o aumento do sarcolema. Então precisa gerar mais tempo sobre tensão, um volume maior de trabalho para gerar um aumento da capacidade de armazenamento do glicogênio. Essa é a melhor via para se gerar a hipertrofia de qualquer forma.

Disponibilizamos um trabalho chamado de *Box Body Building* que é um trabalho para quem quer hipertrofiar. Temos vários alunos que fazem esse tipo de treino, onde misturamos essas duas primeiras vias e obtenho excelentes resultados. Esse tipo de trabalho vem ficando famoso nos EUA com um nome de *Power Building*, mas esse é um assunto para outro livro.

Uma coisa importantíssima dessa via que devemos trabalhar é o desenvolvimento do Epoc, que é o excesso de consumo de oxigênio após o treino. Esse consumo continuado acaba sendo responsável pela queima de gordura depois que acaba o treino. Talvez esse é o grande segredo que o *CrossFit*® trouxe para a população em geral. Antigamente era muito difícil conseguirmos em um aluno que visava a saúde, aquele de nível intermediário ou iniciante, jogar uma intensidade alta que gerasse o Epoc.

É nessa via que causamos os maiores Epoc, o que é excelente para o emagrecimento. Trabalhamos essa via porque ela faz uma adaptação ao stress, acostume seu aluno a esse stress. Quando treina essa via ele sente um ardor queimando, ele acha que está doendo, diz que está doendo, mas na verdade não é uma dor, é um incomodo, e se adapta o corpo ao stress dessa via. Isso estimula o corpo a utilizar a glicólise como fonte de energia anaeróbica, por isso consegue jogar um aluno intermediário, que no início do trabalho fadigava com 60 segundos, chegar a até 240 segundos quando for avançando no treinamento.

Trouxe outro zoom daquela linha do tempo, mas agora focado no sistema lático, e novamente ele está dividido em dois, pode até ter outras divisões, a literatura traz outras divisões, mas gosto dessa duas.

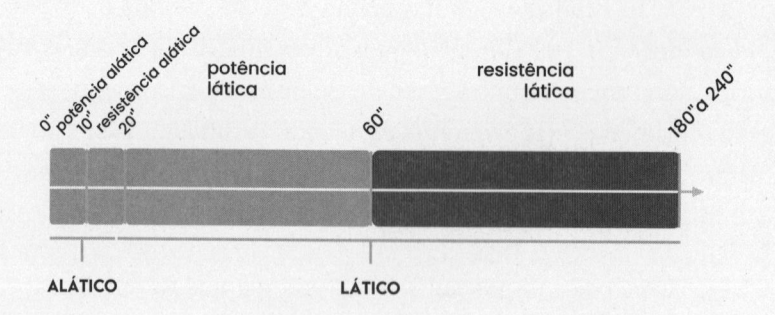

Potência lática de 20 segundos aproximadamente até 60 segundos, onde trabalhará a eficiência do fornecimento de energia e de 60 a 180 segundos, até 240, trabalha a capacidade de remoção de lactato. A capacidade de suportar essa sensação do acúmulo de ácido lático começa a melhorar a capacidade do corpo de ressíntese do lactato. O ácido lático vira lactato quase instantaneamente e se começa a fazer a ressíntese dele e com isso continua produzindo energia.

Utilizando essa produção de lactato como fonte de energia, melhora o metabolismo glicolítico. São dois trabalhos, melhora a eficiência e trabalha para que o corpo consiga suportar esse acúmulo e fazer a ressíntese de energia com esse acúmulo de lactato. Platonov (2008) explica que a velocidade da formação de ATP no processo de glicólise anaeróbica é muito alta, logo, há grande liberação de energia. E coloca a representação esquemática do processo.

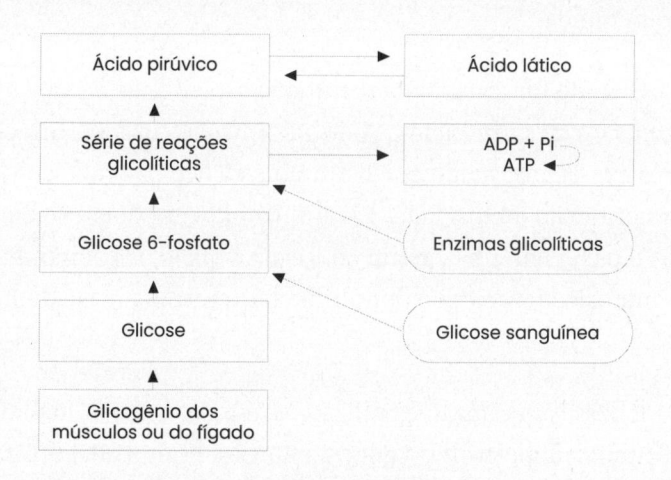

Figura 10.7 Representação esquemática do processo da glicólise anaeróbia.

(GRÁFICO 10.7 P. 209)

E COMO TRABALHAMOS ISSO?

Trabalhamos principalmente por meio de intervalos, com o descanso para fazer essa ressíntese de energia.

Imagine que seu aluno tem um tanque de gasolina. Ao fazer um trabalho de intensidade, seu corpo gasta toda essa energia e no momento que está quase em zero para e descansa. O corpo começa a encher novamente, então vai lá e dá outro estímulo, vai a quase zero novamente, descansa e o corpo enche novamente.

Com esses intervalos o corpo começa a entender que precisa melhorar. Quando fizer um trabalho de até 60 segundos, trabalhando a potência lática, o ideal é que se faça trabalhos cíclicos, porque na transição entre um exercício e outro o corpo descansa e pode atrapalhar um pouco. Para melhorar a eficiência na produção da energia o ideal é que se faça de maneira cíclica, com exceção de alunos avançados que irão realizar a transição de maneira rápida.

Quando for trabalhar a resistência lática, o ideal é que misture dois ou três exercícios. Pode até ser mais, mas prefiro dois ou três exercícios, sendo que o último é cíclico para que consiga jogar com mais intensidade. Faz um treino com dois exercícios e joga o cíclico no final, assim conseguirá que o seu aluno tenha mais intensidade, coloque por último o exercício que ele domine muito.

É nesse esquema que realizamos muitos meios de melhorar o trabalho da hipertrofia. Agora, sim, nessa hipertrofia, utilizando Tempo, aquele Tempo com letra maiúscula, onde se tem quatro tempos: o tempo da excêntrica, da fase de baixo, da concêntrica e o tempo da fase de cima. Para gerarmos a hipertrofia jogue pelo menos 60 segundos *under tension*, ou seja, o corpo deve ficar sobre tensão, em contração, em tensão muscular, por pelo menos 60 segundos. Utilizamos *bi-sets, tri-sets, drop-sets*, entre outros meios pensando em aumentar esse tempo sobre tensão.

Coloque o seu aluno para fazer o exercício com o tempo de excêntrica maior. Por exemplo, controle a descida do agachamento em quatro segundos, faça uma pausa de um segundo lá embaixo e sobe em dois segundos para fazer uma pausa de um segundo lá em cima. Dessa forma consegue manter a contração do seu aluno durante mais tempo, mantendo por mais de 60 segundos *under tension,* todo em tensão, consegue chegar em uma zona que trabalha de maneira excelente a hipertrofia.

Aqui observamos outro exemplo real para melhor ilustrar. Agora é de uma aluna de 37 anos, nível intermediário, com sobrepeso. Realizamos uma avaliação funcional no início dos treinos e um trabalho conjunto com uma nutricionista. A grande preocupação, tanto da nutricionista, quanto da parte de preparação física era o fato de não possuir massa muscular em níveis adequados, tinha um sobrepeso com pouquíssima massa muscular. Preferimos por um trabalho de hipertrofia, em algumas sessões, não em todas, para conseguir aumentar a massa magra e aumentando assim o metabolismo basal e, consequentemente, "aliviando" a dieta e otimizando o processo de emagrecimento.

> **EXEMPLO**
>
> Mulher, 47 anos
> Nível intermediário
> Médica com sobrepeso
> Treino 3x TF + 3x corrida

> **A:**
> 3x
> A1: 12 front squat (3121) (ERR 8,5)
> A2: 12 remada DB bilateral (ERR 9)
> 60" descanso entre cada série
>
> **B:**
> 3 x 3' AMRAP
> 12 flexões de braço
> 24 abdominais borboleta
> Máx cal bike
> 3'a 5' descanso entre cada série
>
> **C:**
> 3x
> 12 stiff unilateral com KB
> 45" descanso

Podemos ver que o trabalho foi dividido em três. No "A" são três séries, A1 com 12 *front squat*, reparem no Tempo, (3121) três segundos descendo, um segundo em baixo, dois segundos subindo e um em cima, e colocamos uma escala de reserva de repetição (ERR) de oito e meio, ou seja, faria mais ou menos uma ou duas repetições e depois A2 12 remadas DB bilateral, faz a flexão de quadril e a remada bilateral, 60 segundos de descanso entre cada uma das séries. O descanso é pequeno para realmente trabalharmos na dificuldade.

Fazer com que o corpo precise mandar mais energia para o músculo e estocar mais energia, um descanso e seguimos para o segundo trabalho, "B" três séries de três minutos AMRAP, ou seja, máximas repetições, 12 flexões de braço, 24 abdominais borboleta e depois até completar três minutos o máximo de calorias na *air bike*, treino pesadíssimo.

Nesse treino variava o descanso entre três e cinco minutos, e esse treino era repetido no mês por pelo menos três vezes.

No começo o descanso era de cinco minutos e reduzimos o descanso, na última vez reduziu para três minutos, dessa maneira conseguia jogar a intensidade lá em cima, aquele treino de mal-estar, aquele que o aluno reclama.

Se colocar esse treino para um aluno inexperiente muito provavelmente ele irá vomitar e não será legal, não é bom para o aluno, não é bom para ninguém, passou do nível e o corpo dele não aproveitou aquele treino, o ideal é que faça esse treino no nível que o aluno consiga manter esse ritmo, sempre manter esse ritmo ao longo de todo o treino, o mais forte possível de ser mantido, por isso trabalhar o descanso.

Na primeira vez que for dar esse treino para o seu aluno aumente um pouco o descanso. Na próxima vez pode diminuir um pouco o descanso, desde que ele possa manter a capacidade de gerar trabalho.

Para entender se o treino foi bom: um bom treino "B" seria realizar as três séries entorno de 20 calorias na *bike*, nas três séries. Um mau exemplo seria fazer na primeira série 24 calorias, na segunda série 17 calorias e na terceira 10 calorias. Foi horrível, se isso acontecer com seu aluno saiba que ele não conseguiu aproveitar.

O comando dado é para melhorar a eficiência, e nesse exemplo anterior o corpo dele entrou em fadiga, não tem muito o que fazer em relação a isso. O corpo tem que perceber que está fadigando, mas conseguir trabalhar e é dessa maneira sutil que irá melhorar a eficiência. Trabalhe o descanso para melhorar isso, comece com um descanso maior e quando ele suportar diminua o descanso. Suportou, diminua o descanso novamente e assim por diante.

E finalmente o treino "C", onde colocamos *stiff* unilateral com *Kettlebell*, com descanso de 45 segundos. Ela fazia o *stiff* com a perna direita, descansava 45 segundos, *stiff* com a perna esquerda e descansava 45 segundos e assim por diante. Importante ter em mente o descanso, que sempre irá variar de acordo com a capacidade que o aluno tem de fazer a ressíntese de energia. O tanque dele tem que encher, não precisa ser totalmente para dar esse estímulo, não quando estamos trabalhando a resistência lática. Quando estivermos trabalhando a potência lática podemos fazer isso, um descanso de cinco minutos por exemplo, para realmente só trabalharmos a potência.

Esse é um outro exemplo. Agora é uma planilha de uma aluna de assessoria que está na musculação. O objetivo é resistência lática, que envolve a capacidade da ressíntese. Normalmente trabalho com estímulos de três minutos e descanso entre dois e cinco minutos. Mas nunca coloque um aluno para começar já com o descanso de três minutos. Se iniciante, não coloque para fazer esse tipo de treino. Prefira 60 segundos, de 60 para 180, depois 120, 180, 240, e assim vamos subindo. E não pode ser de uma hora para a outra, o aluno que está saindo do iniciante para o intermediário ainda não consegue fazer essa ressíntese e não necessita, já que não consegue ter tanta intensidade para exigir tanto descanso.

Dora Casalechi

Série A

	Exercícios	Série	Repet.
Aquec.	Esteira ou Salto na Corda	1	5'
	Alongamento Geral	1 cd mm	15"
Desenvolvimento	Agachamento Livre	4	10
	Flexão de braço	3	12
	Remada Curvada Unilateral c/ Halteres		
	Corrida na Esteira	2	2'
	Extensão de Quadril Unilateral na FitBall	4	10
	Desenvolvimento c/ Barra (frente)	3	12
	Puxador Unilateral		
	Transport	2	2'
	Twist-russo sentado	3	10
	Prancha Decúbito Ventral (4 Apoios)	4	30'
TF	Transport ou Escada	1	20'
	Alongamento Geral	1 cd mm	15"

Série B

	Exercícios	Série	Repet.
Aquec.	Esteira ou Salto na Corda	1	5'
	Alongamento Geral	1 cd mm	15"
Desenvolvimento	Stepup	4	10
	Supino Inclinado c/ Halteres	3	12
	Remada Curvada no Cabo		
	Corrida na Esteira	2	2'
	Terra	4	10
	Desenvolvimento Arnold	3	12
	Puxador Frente		
	Transport	2	2'
	Abdominal Completo	3	20
	Prancha Lateral (cotovelo no solo)	4	30'
TF	Transport ou Escada	1	20'
	Alongamento Geral	1 cd mm	15"

Série C

	Exercícios	Série	Repet.
Aquec.	Esteira ou Salto na Corda	1	5'
	Alongamento Geral	1 cd mm	15"
Desenvolvimento	Agachamento Frontal	4	10
	Tríceps no Banco	3	12
	Remada Unilateral no Cabo		
	Corrida na Esteira	2	2'
	Terra Unilateral	4	10
	Elevação Frontal de Anilha + Rotação	3	12
	Puxador no Triângulo		
	Transport	2	2'
	Abdominal Elevação de MMII	3	10
	Prancha Decúbito Ventral (4 Apoios)	4	30'
TF	Transport ou Escada	1	20'
	Alongamento Geral	1 cd mm	15"

Série D

	Exercícios	Série	Repet.
Aquec.	Esteira ou Salto na Corda	1	5'
	Alongamento Geral	1 cd mm	15"
Desenvolvimento	Avanço c/ Halteres	4	10
	Crucifixo Reto	3	12
	Crucifixo Inverso		
	Corrida na Esteira	2	2'
	Extensão do Quadril c/ Apoio no Banco	4	10
	Elevação lateral	3	12
	Puxador Frente Pegada Supinada		
	Transport	2	2'
	Abdominal Borboleta	3	20
	Ponte (1 pé em elevação)	4	30'
TF	Transport ou Escada	1	20'
	Alongamento Geral	1 cd mm	15"

Descanso entre as séries 30'a 40'
Descanso entre os exercícios: 1'
Bi-set: realizar na sequencia o exercício 1 + exercício 2, 1 série do aeróbico ao invés do repouso.
TF(Trabalho Final): Volta à calma e trabalho aeróbico

Nesse outro exemplo temos uma aluna com 40 anos, de nível avançado, que pratica musculação desde os 15 ou 16 anos, e treinava quatro vezes por semana. Notem como em um treino na sala de musculação, respeitando esses mesmos conceitos, conseguimos trabalhar com o sistema do *Cross Training*. É muito comum aplicar esses meios em alunos novos que são da musculação, não precisa tirar ele da máquina logo de início.

Comece a colocar ele no estímulo de *Cross Training* e aos poucos vá tirando ele da máquina. Nesse trabalho, por exemplo, pode finalizar, em vez do tiro na esteira, com um estímulo de (RPF) *Rest Pause Fadigue*, uma cadeira extensora, por exemplo, uma mesa flexora, mas respeitando o que a pessoa já faz para conseguir jogar ele por mais tempo sob tensão.

COMO TESTAMOS ESSA VIA?

TESTES
3' máx cal bike - alunos avançados
1 milha run
400m run - alunos intermediários
1000m row - alunos intermediários
alunos iniciantes não fazem testes

Vamos falar sobre os testes dessa via, e novamente uma consideração importante é uma lista exemplificativa não exaustiva. Existem muitos outros testes, mas basicamente testes de três minutos, máximas calorias na *bike* para alunos avançados, uma milha de corrida, para alunos avançados também, são 1600 metros, de preferência em pista de atletismo de 400 metros.

Para alunos intermediários pode fazer um teste de 400 metros ou 1000 metros de remo, que para alunos intermediários leva menos que cinco minutos, e alunos iniciantes não fazem testes dessa via. Não pode fadigar a ponto de vomitar, ou simplesmente uma fadiga muito grande, o corpo acumula muito lactato, o corpo ainda não consegue remover, entra em colapso mecânico, dá uma contratura na musculatura e para o teste antes de terminar. E para alunos que estão saindo do iniciante para o intermediário o ideal é que façam um trabalho progressivo, iniciando com 60 segundos para que ele vá evoluindo até chegar a 180 segundos.

SISTEMA OXIDATIVO

É o metabolismo que extrai energia por meio da oxidação de carboidratos ou gordura. É o sistema mais eficiente com relação à produção de energia. Porém ele utiliza uma via que é mais lenta.

Acho que esse é o sistema mais comum de trabalho, é o que mais dominamos de maneira natural e é onde a maioria das pessoas trabalham. Infelizmente, porque temos uma variedade gigantesca de trabalho dentro das outras vias, mas é onde normalmente se trabalha, acredito ser a via mais simples.

É o metabolismo que extrai a energia da oxidação de carboidratos ou gordura, é o mais eficiente, mas é o mais lento porque está longe da fonte de energia, a energia está estocada muito longe de onde é utilizada. Lembram que na via alática usamos a energia que está dentro da fibra muscular onde é utilizada. Na via lática ela também está no músculo, pode ser do sistema hepático, mas também está no músculo, então já está ali, é mais rápido de utilizar-se.

No sistema oxidativo não, ele deve buscar oxidando carboidrato, utiliza a oxidação dos corpos cetônicos. É uma via muito mais demorada, apesar de ser mais eficaz. É nessa via que utilizamos o oxigênio.

POR QUE TRABALHAMOS ESSA VIA?

É por meio dela que trabalhamos o nosso sistema cardiovascular e a capacidade cardiorrespiratória. Apesar de não serem exatamente sinônimos, para as questões ligadas ao propósito do livro não as diferenciaremos. É o sistema de eficiência da nossa saúde com relação à distribuição de energia. Nosso coração bombeia mais sangue, tanto com mais força quanto com mais eficiência, e precisamos disso para a nossa saúde, principalmente para o nosso envelhecimento que é quando começamos a ter uma fadiga do nosso sistema cardiorrespiratório.

Melhora a eficiência na produção e entrega de energia, trabalha a vascularização, joga mais sangue para dentro do músculo, o que fará com que seu músculo tenha mais aporte de energia para trabalhar nas outras vias, trabalha a eficiência do sistema de entrega na produção de oxigênio e substratos energéticos, o que serve para as atividades do dia a dia, desde uma simples caminhada até varrer a casa, passear com o cachorro. Nossas atividades do dia a dia são feitas utilizando essa via, por isso que é importante trabalhá-la.

É a zona de maior queima de gordura durante os treinamentos, tem o Epoc, na outra via que é excelente, mas durante o treinamento é aqui que temos a maior queima de gordura.

E esse é o metabolismo que sustenta e suporta todos os outros metabolismos.

Todos os metabolismos são completamente dependentes do sistema de entrega de energia, de entrega de oxigênio, então quando melhora ele melhora todos os outros.

Uma das primeiras coisas que descobrimos ao começar a estudar treinamento desportivo é que temos que iniciar o trabalho fazendo os treinos de corridas longas para melhorar esse sistema de entrega de energia, fundamental para todos os tipos de treinos.

COMO TRABALHAMOS A VIA DO SISTEMA OXIDATIVO?

Trabalhamos por meio de um ritmo sustentável e linear na zona dois ou três de batimentos cardíacos, e por meio do controle de percepção subjetiva do esforço (PSE) três, quatro ou cinco. Acima do cinco já saiu, o ideal é três ou quatro. Pode trabalhar de maneira cíclica ou fazer um mix de treinos, que é a base do *Cros-*

sFit®, misturar, fazer vários exercícios, mas sempre com ritmo sustentável. Se fugir do ritmo sustentável saiu dessa via, jogou o trabalho por água abaixo, pelo menos o trabalho desse sistema, o mais importante para se saber dessa via é que o ritmo deve ser sustentável.

Vamos ver esse exemplo. Uma aluna de 33 anos, nível intermediário, professora, ela fica de pé o dia todo, treina *CrossFit*® duas vezes por semana e pratica natação duas vezes por semana. O objetivo principal é o emagrecimento. Gosta do *CrossFit*®, já treinou *CrossFit*® antes e se sente estimulada a fazer esse tipo de treino.

EXEMPLO	Mulher, 33 anos Nível intermediário Professora Treino *Crossfit*® 2x + 2x natação

A: 3x for quality 20 avanços com DB 10 knees up 500m row 60" descanso entre cada série PSE 4	B: 3 x 6' AMRAP 20 push press uni com DB 10 jump pull up 400m run 2' descanso entre cada série PSE 3/4

Como já faz natação, que é muito cíclico e monótono, preferimos não usar um treino muito cíclico para diferenciar bem os estímulos. Dividimos em dois treinos. No mesmo dia ela faz três séries do chamado *For Quality* (repetições com qualidade sem intuito de colocar intensidade) porque ela não fará com intuito de terminar rápido, no menor tempo, tem que fazer com qualidade esse treino, todas essas três séries deverão ser feitas no mesmo ritmo, fará 20 avanços segurando um *dumbbell* em baixo, 10 *Knees Up* pendurada na barra subindo o joelho, um trabalho de abdômen, e 500 metros de remo (Row), descansando 60 segundos entre cada série.

Por que esse descanso? Para garantir que consiga manter esse ritmo. Ela já tinha feito um teste de 2000 metros no remo, onde achamos o ritmo dela para esse tipo de treino, mas como no *CrossFit*® tem-se essa empolgação de querer competir, querer ir rápido, colocamos os 60 segundos para garantir que ela pare um pouco. Os 60 segundos não serão suficientes se fizer o mais rápido possível, mas é o suficiente para dar uma descansada, soltar o peso, passar o magnésio na mão, pegar o peso e continuar. Indicamos um PSE quatro, a percepção subjetiva do esforço nível quatro na escala de zero a 10, um ritmo confortável.

Ela fez isso, descansou de sete a 10 minutos e passou para o treino "B", três séries de seis minutos AMRAP (*As Many Round As Possible*, o máximo de rounds possível), 20 *push press* unilateral, 10 de cada lado, 10 *Jump Pull Up* e depois 400 metros de corrida. Se chegasse aos 400 metros de corrida e ainda tivesse mais tempo continuaria no 20 *push press*, seguindo de maneira cíclica, terminados os seis minutos, descansos de dois minutos entre cada série.

É um descanso que não é suficiente para ela repor todo o estoque de energia, simplesmente para dar uma baixada para conseguir garantir que o ritmo fosse mantido, repete mais duas vezes, e novamente em um PSE três ou quatro a percepção subjetiva de esforço entre três e quatro na escala de zero a 10, para garantir que não saia desse PSE, porque a tendência dessa aluna é querer ir muito forte, para manter o ritmo. Esse é o princípio desse treino mais do sistema oxidativo.

Agora outro treino, é da mesma aluna da musculação que mostramos no sistema anterior, mas agora em outro período da periodização. Neste, tinha como objetivo, secar, ir para as férias e viajar. Pensamos em um treino para ela "A" e "B", treinava "A" na segunda e na quinta, e "B" na terça e na sexta, então fazia alguns estímulos de *bi-set*. Os exercícios que não eram *bi-set* sempre descansava de maneira ativa, descansava em uma *bike* ou na esteira, e quando era *bi-set* fazia esteira, escada ou *transport*.

	Dora Casalechi		
	Série A		
	Exercícios	Série	Repet.
Aquec.	Esteira ou Salto na Corda	1	5'
	Alongamento Geral	1 cd mm	15"
Desenvolvimento	Agachamento Livre		
	Supino Inclinado		
	Remada Curvada Pegada Pronada c/ Halteres		
	Corrida na Esteira	1	1 km*
	Extensão de Quadril Unilateral na FitBall		
	Desenvolvimento c/ Barra (frente)		
	Puxador Unilateral		
	Corrida na Esteira	1	1 km*
	Rotação no Cabo Horizontal	3	15
	Prancha Decúbito Ventral (4 Apoios)	4	1'
TF	Transport ou Escada	1	20'
	Alongamento Geral	1 cd mm	15"

	Série B		
	Exercícios	Série	Repet.
Aquec.	Esteira ou Salto na Corda	1	5'
Aquec.	Alongamento Geral	1 cd mm	15"
Desenvolvimento	Stepup		
Desenvolvimento	Crucifixo Reto		
Desenvolvimento	Barra Fixa na Horizontal		
Desenvolvimento	Corrida na Esteira	1	1 km*
Desenvolvimento	Terra	4	10
Desenvolvimento	Elevação Lateral		
Desenvolvimento	Puxador Triângulo		
Desenvolvimento	Corrida na Esteira	1	1 km*
Desenvolvimento	Abdominal Borboleta	3	20
Desenvolvimento	Prancha Lateral (cotovelo no solo)	4	1'
TF	Transport ou Escada	1	20'
TF	Alongamento Geral	1 cd mm	15"

Dessa forma sempre fazia ao longo das semanas, alternava entre 10 ou 20 repetições entre cada um, então foi variando 10, 12,15, 18 e 20, alternado desse jeito, fazendo uma subida, depois descia, depois ondulava, ficou ao longo de seis semanas com esse treino. Mas todo treino era diferente, mudávamos o descanso ativo, revezando entre esteira, *transport* e assim ia mudando.

Entenderam como é possível trabalhar com o mesmo fundamento, mesmo em uma sala de musculação? Para quem tem aluno de *personal* na sala do condomínio, academia do prédio, consegue trabalhar da mesma maneira, trabalhando de maneira eficiente com base nesse sistema para alcançar os objetivos do seu aluno.

COMO TESTAMOS ESSE SISTEMA?

TESTES
5k run - alunos avançados
5k row - alunos avançados
10' máx cal bike - alunos avançados ou intermediários
20' percorrer a maior distância - alunos iniciantes

Citamos os testes mais comuns. Você pode colocar vários em sua lista. Pode colocar o aluno avançado para fazer o teste de cooper e fazer com que ele busque os três quilômetros e 200 metros no menor tempo. Pode colocar para fazer cinco quilômetros de corrida, cinco quilômetros de remo é uma boa métrica, 10 minutos, no máximo, de calorias na *bike* para alunos avançados e intermediários.

Outro teste de aluno intermediário que pode ser utilizado é 2000 metros de remo, para alunos intermediários dará em torno de oito a 10 minutos, o iniciante um pouco mais de 10, porém o aluno avançado fará abaixo de oito minutos, sete e 30 mais ou menos, mas será um teste para definir que ritmo a pessoa usará durante o treino.

Para os iniciantes, prefira trabalhar com teste de 20 minutos percorrendo a maior distância. E por que percorrendo? Porque ele pode correr ou andar, dessa forma é possível trabalhar com iniciantes também.

Quando pega um iniciante e faz um circuito, onde trabalhará de 10 a 15 repetições de cada exercício, estará trabalhando essa via, é uma via importante para sustentar todas as outras.

Nos próximos capítulos ensinaremos como programar utilizando o sistema do *Cross Training* para estimular todas as capacidades físicas e vias energéticas.

Não carregue dúvidas! Para que este livro possa realmente te ajudar na prática do seu dia a dia, pergunte a qualquer momento no meu Instagram.

CROSS TRAINING III

MONTAGEM DO TREINO

Vamos agora ver como montamos o treino utilizando o sistema do *Cross Training*.

Decidimos passar de maneira rápida e breve pela parte mais teórica da grande área da periodização, para juntos construirmos uma linha de raciocínio que possibilite a aplicação prática do sistema.

Será um capítulo de revisão sobre treinamento desportivo para aqueles que já se aprofundaram no tema, ou uma introdução para aqueles mais iniciantes. Não vamos entrar a fundo nos modelos, mas iremos fazer uma breve apresentação e um contra ponto entre eles.

ROSSCROS
AININGTRAININ
ROSSCROS
AININGTRAININ
ROSSCROS
AININGTRAININ
ROSSCROS
AININGTRAININ
ROSSCROS
AININGTRAININ
ROSSCROS
AININGTRAININ

PERIODIZAÇÃO

Para que possamos fazer isso da melhor forma possível partiremos do princípio da síndrome geral da adaptação. Foi a partir de um estudo com soldados no período pós Primeira Guerra Mundial, que pesquisadores perceberam que o nosso corpo reage a certos tipos de estímulos sempre da mesma forma.

Quando um estímulo de estresse era causado, não só o físico, no caso do presente estudo incluía-se o estresse psicológico também, o corpo sempre reagia da mesma maneira.

> **Ele tinha uma fase de alarme que é uma resposta ao choque inicial, depois tinha uma fase de resistência, que é uma fase de adaptação ao estímulo, e ao continuar gerando o mesmo estímulo tem-se uma diminuição da resposta.**

A partir do momento que os pesquisadores começaram a desenvolver o estudo, essa resposta do nosso corpo começou a ser chamada de síndrome geral da adaptação. Isso foi utilizado pelos treinadores soviéticos para os atletas, começou-se a perceber que a síndrome geral da adaptação tinha o mesmo movimento, o nosso corpo reagia da mesma forma, quando o corpo era estimulado.

Os atletas respondiam da mesma maneira, era causado um **estímulo** de treino, que hoje chamamos de carga de treino. Com esse determinado estímulo o corpo entrava em uma **fadiga,** essa primeira fase de alarme, de choque, depois vinha uma parte de **recuperação,** a fase de resistência. E depois uma **supercompensação,** se continuasse dando esse estímulo chegava-se ao over training, que conhecemos assim hoje, mas na época não tinha essa nomenclatura ainda.

E baseado nessa síndrome geral de adaptação, começou a ser utilizada a teoria da supercompensação dentro da área do treinamento desportivo.

A partir daí notou-se que causando um estímulo por meio da carga de treino, o corpo teria determinadas respostas e manipulando essas cargas era possível melhorar o desempenho humano.

O primeiro a descrever isso foi Lev PavilovchMatveev, pesquisador russo responsável pela preparação física do Comitê Olímpico Russo nos anos 50.

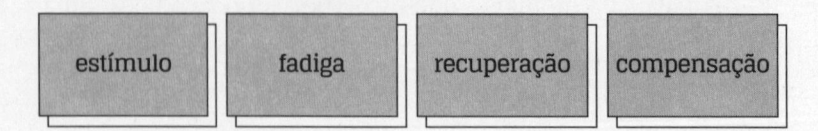

| estímulo | fadiga | recuperação | compensação |

Temos a manipulação dos estímulos, que é a carga de treinos, e determinadas respostas referentes a estes estímulos. Se der um estímulo muito forte o corpo terá uma resposta, primeiro o que hoje chamamos de supercompensação, ele terá uma depreciação dos sistemas energéticos, depois o corpo responde e começa a subir e como irá se comportar dependerá do estímulo que é dado. Se for um estímulo muito forte o corpo terá dificuldades de se recuperar, se for um estímulo condizente com o que queremos terá uma resposta positiva, será uma supercompensação, ficará mais forte e resistente, e se for um estímulo muito fraco ele volta para uma homeostase e acaba não tendo evolução do corpo.

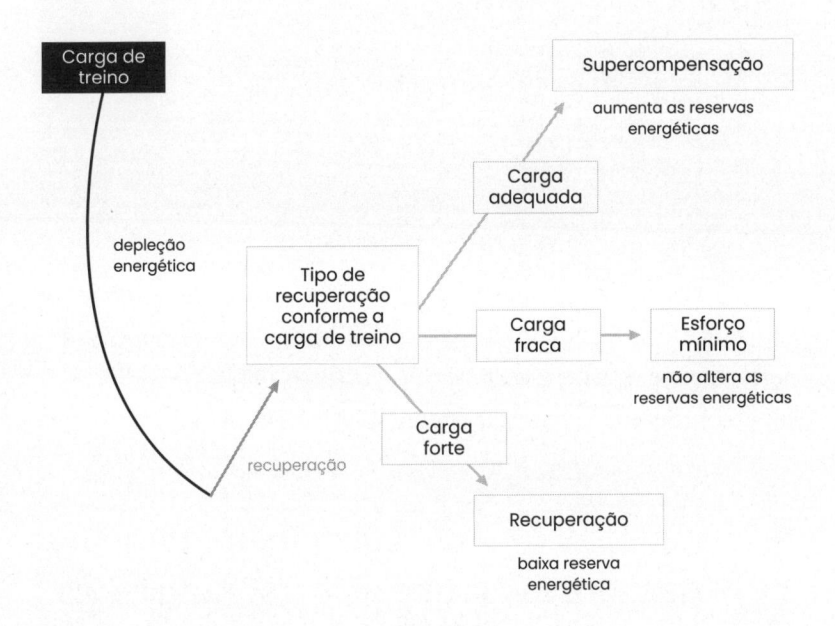

```
Carga de treino
   │
   │ depleção energética
   │
   ▼                                    Supercompensação
Tipo de recuperação ──── Carga adequada ──► aumenta as reservas energéticas
conforme a
carga de treino  ──── Carga fraca ──► Esforço mínimo
                                      não altera as reservas energéticas
                 ──── Carga forte ──► Recuperação
                                      baixa reserva energética
   ▲
   │ recuperação
```

Baseado nisso, temos as respostas sequenciais do treino, os autores soviéticos usavam seus atletas para testar essas teorias e começaram a ter essas respostas, nessa imagem podemos ver como funciona a somatórias das cargas.

Efeito imediato de treinamento

Efeito posterior de treinamento

Efeito sumário de treinamento

Efeito cumulativo de treinamento

Carga de treinamento

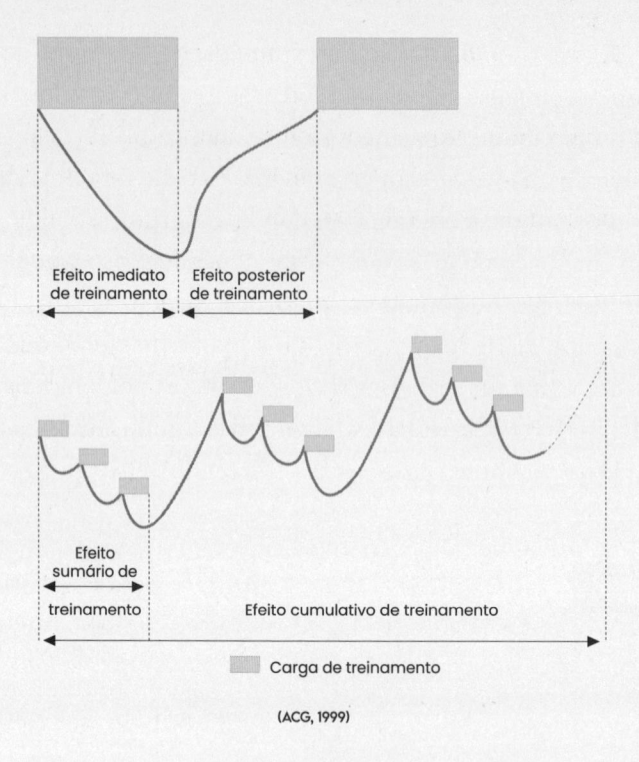

(ACG, 1999)

Temos a carga inicial e o efeito no corpo dessa primeira carga, o efeito imediato ao treinamento, tem-se uma queda da performance, essa é a resposta do corpo, o efeito posterior é a supercompensação para gerar uma nova carga.

A teoria do treinamento desportivo diz que ao gerar uma carga, antes que o corpo supercompense, deve-se gerar outra carga e seguir fazendo isso de maneira sequencial.

Esse é o **efeito somatório,** o efeito sumário das cargas de treino, depois precisa dar um descanso maior, o copo irá supercompensar para que novamente dê novas cargas.

Esse **efeito acumulativo** do treino é o que irá gerar as adaptações, o nosso papel como *personal* é causar uma adaptação.

> **Temos a obrigação de gerar adaptações aos nossos alunos, se o aluno te contratou, gere estímulos que irão gerar o emagrecimento que o levarão ao resultado desejado.**

A manipulação desses elementos diários do treino é chamada de **programação,** diferente da periodização, que é a manipulação dos objetivos ao longo de um tempo.

Se a pessoa te contratou para hipertrofiar deve gerar um estímulo que cause a hipertrofia, essa é a nossa obrigação, um bom profissional deve ter essa consciência.

O seu trabalho é dar um estímulo que irá gerar as respostas no corpo que ele deseja, ou que necessite.

Então precisamos **periodizar** o treino do nosso aluno. Que nada mais é do que dividir o tempo total que temos em um período menor, chamado **mesociclo.** Onde alocaremos as ênfases de quais capacidades físicas iremos dar. Em seguida, separarmos esse **mesociclo** em períodos ainda menores chamados microciclos. Os microciclos são compostos pelas sessões de treino, onde iremos manipular os elementos e as combinações dos estímulos dos dias sequências que irão gerar os resultados.

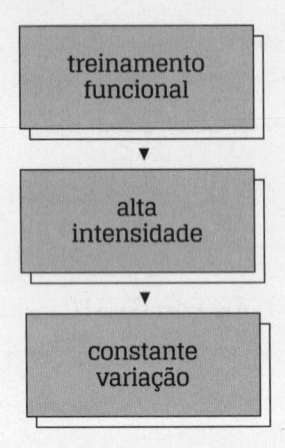

```
┌─────────────────┐
│  treinamento    │
│   funcional     │
└─────────────────┘
         ▼
┌─────────────────┐
│      alta       │
│   intensidade   │
└─────────────────┘
         ▼
┌─────────────────┐
│    constante    │
│    variação     │
└─────────────────┘
```

Chegamos então na seguinte questão, que tipo de estímulos posso provocar no meu aluno? Sabemos que devemos causar determinados estímulos e agora veremos quais tipos de estímulos podemos causar.

Nós temos as 10 capacidades físicas vistas nos capítulos anteriores, então temos que estimular essas capacidades nos nossos alunos, não só porque ele quer, mas porque é bom para ele. Das 10 capacidades físicas os nossos alunos são conscientes de três ou quatro, mas nós temos essa consciência. E o melhor para ele é que estimulemos todas elas. É importante dar ênfase maior ou menor dependendo dos objetivos dele para uma melhora global.

Além das 10 capacidades físicas temos os três sistemas energéticos e todos os benefícios de trabalhá-las como já explicado anteriormente.

Devemos estimular as 10 capacidades físicas e as três vias metabólicas não só porque é bom e necessário para seu cliente, mas também para deixar o treino mais dinâmico.

Aquela história antiga da ficha do aluno que permanecia por três meses não existe mais, devemos trabalhar com esse aluno para que em cada treino tenha um estímulo diferente. Para o treino não ficar monótono.

Já sabendo que existe essa magnitude toda, você pode trabalhar todos os lados, não precisa ficar gerando somente o mesmo resultado, o mesmo estímulo. Mude os estímulos, deixe o seu aluno surpreso, ele não sabe o que esperar e com isso o treino muito mais dinâmico, divertido e desafiador. A surpresa o deixará cada vez mais fiel, ele gosta do seu treino, é isso que a experiência nos diz.

O corpo responde aos estímulos de maneiras diferentes, temos maneiras próprias de causar a adaptação e adaptações orgânicas que são feitas por meio de treinamento progressivo de carga.

As **adaptações neurológicas** são feitas com técnica de repetição, com baixa ou até sem carga. E as **adaptações mistas,** de acordo com estímulos que gerar no aluno, o corpo responderá com um tipo de adaptação. Por isso é tão importante dominar este assunto, essas adaptações interferem uma na outra, esse assunto será abordado mais à frente no capítulo sobre treinamento concorrente.

E além dessas adaptações temos o trabalho por vias energéticas, no sistema alático trabalhamos um pouco mais a potência, coordenação e velocidade. No sistema lático trabalhamos mais a resistência anaeróbica e no sistema oxidativo cardiorrespiratório e cardiovascular. E temos o desenvolvimento misto, quando a força tem expressões que vão desde o sistema alático, que é a força pura, até o sistema oxidativo, que é a existência de força.

Esse é o desenvolvimento misto. Percebe que podemos estimular os nossos alunos em várias direções? É isso que queremos mostrar!

> **Podemos desenvolver os nossos alunos em todas as capacidades físicas e de formas diferentes nos sistemas energéticos.**

> *"*
>
> Quando me deparei com isso, com toda essa quantidade de elementos, uma pergunta ficou muito forte: É possível trabalhar todas as capacidades físicas ao mesmo tempo? E essa pergunta guiou os meus estudos durante muitos anos.
>
> Eu estava voltando para o Brasil e começando a aplicar essa metodologia. Aplicava em mim que ainda era atleta e estava percebendo isso, será que se ficar muito tempo trabalhando força não irei prejudicar o cardiorrespiratório? Comecei a ter esses insights. Como trabalhar todas as capacidades físicas? É possível fazer isso?
>
> Isso me levou a estudar bastante o tema da periodização.

A periodização sugerida por Matveev, parte da síndrome geral da adaptação, que propõe uma fase de aquisição das capacidades físicas, uma fase de manutenção e estabilização e outra fase de perda temporária. Ele utilizou isso para montar o esquema dele de periodização e que foi chamado de periodização linear.

Podemos ver no gráfico, sempre começamos a periodização linear com um alto volume, intensidade baixa e aquisição técnica baixa.

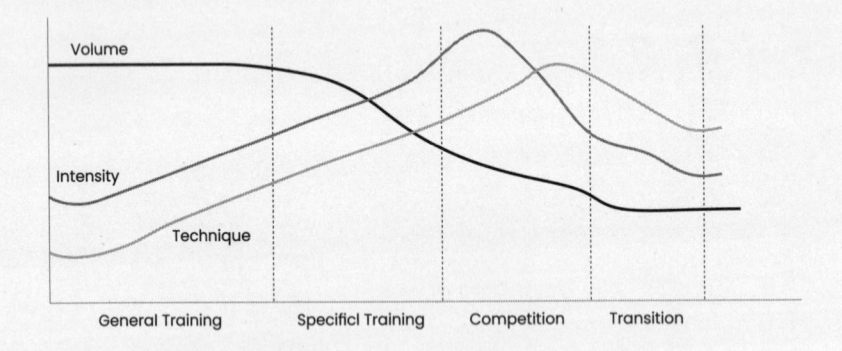

[Gráfico: curvas de Volume, Intensity e Technique ao longo das fases General Training, Specificl Training, Competition e Transition]

Isso melhora a técnica, aumentando a intensidade e diminuindo o volume. Evoluindo uma ou duas capacidades físicas de cada vez.

Não é possível trabalhar todas ao mesmo tempo, porque no mapa já temos determinados períodos que vamos desenvolver algumas capacidades físicas, como podemos ver no próximo gráfico.

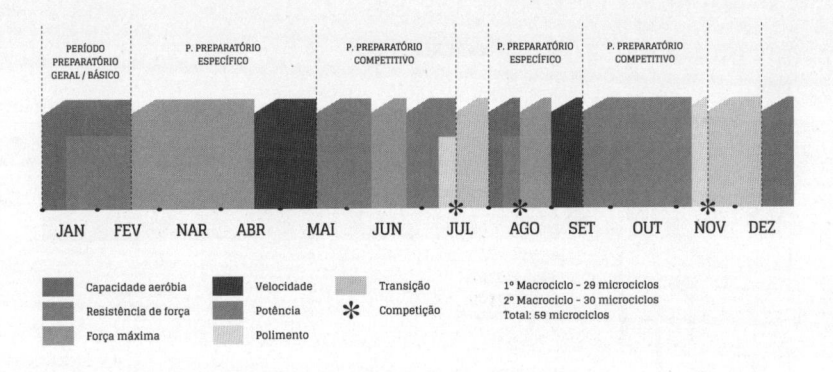

PERÍODO PREPARATÓRIO GERAL / BÁSICO	P. PREPARATÓRIO ESPECÍFICO	P. PREPARATÓRIO COMPETITIVO	P. PREPARATÓRIO ESPECÍFICO	P. PREPARATÓRIO COMPETITIVO	

JAN FEV NAR ABR MAI JUN JUL AGO SET OUT NOV DEZ

- Capacidade aeróbia
- Resistência de força
- Força máxima
- Velocidade
- Potência
- Polimento
- Transição
- ✻ Competição

1º Macrociclo - 29 microciclos
2º Macrociclo - 30 microciclos
Total: 59 microciclos

Esse é um **modelo de macrociclo** que mostra como uma época do ano dará ênfase na capacidade cardiorrespiratória, depois força, depois velocidade, com uma sequência de desenvolvimento. Apesar de ser um modelo genérico serve muito como exemplo ilustrativo.

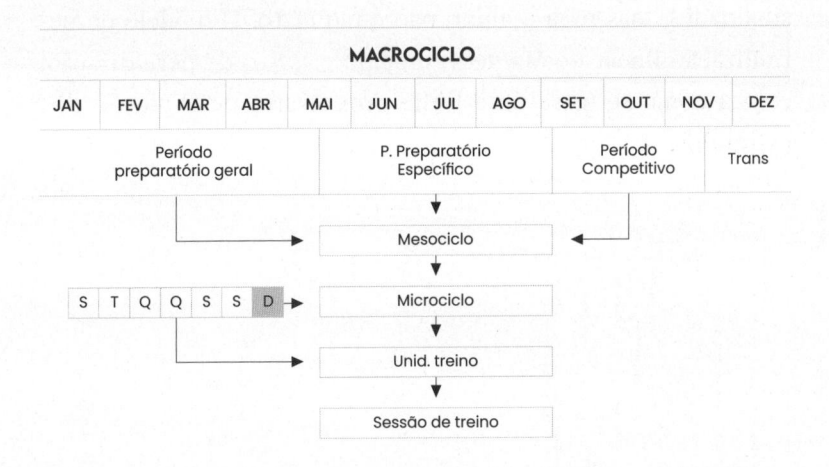

MACROCICLO

JAN	FEV	MAR	ABR	MAI	JUN	JUL	AGO	SET	OUT	NOV	DEZ
Período preparatório geral			P. Preparatório Específico				Período Competitivo			Trans

↓
Mesociclo
↓

| S | T | Q | Q | S | S | D | → Microciclo
↓
Unid. treino
↓
Sessão de treino

Esse é, um ano inteiro, dividimos o macrociclo em preparação geral, **preparação especial, período competitivo e um período de transição.** É um exemplo, pode ser de um ano, pode ser de seis meses. No livro do Antônio Carlos Gomes ele fala em modelos até seis períodos de macrociclos por ano.

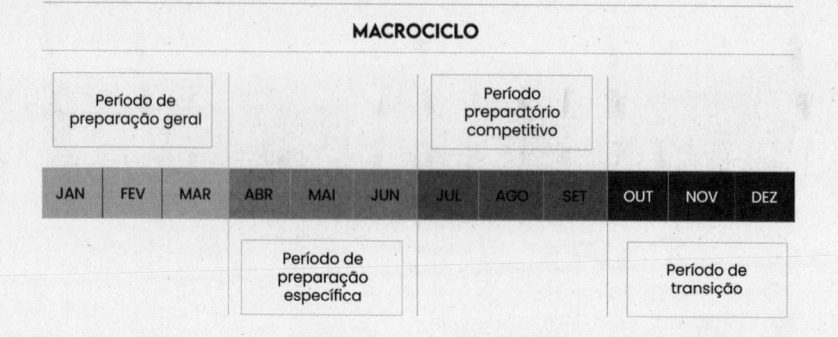

MACROCICLO

	Período de preparação geral						Período preparatório competitivo				
JAN	FEV	MAR	ABR	MAI	JUN	JUL	AGO	SET	OUT	NOV	DEZ
			Período de preparação específica						Período de transição		

Aqui vamos diferenciar a preparação geral da preparação específica ou preparação especial do período competitivo e do período de transição. Dentro do esporte, quando trabalhamos com atletas, é muito visível a mudança.

Pode aumentar volume, diminuir volume, tem essas possibilidades, mas para o aluno não é tão claro. O modelo de periodização linear de Matveev, modelo clássico de periodização, coloca como se fosse **uma linha progressiva de evolução dos estímulos.**

CROSS TRAINING

Começamos com a capacidade aeróbica, resistência de força, depois força, velocidade, potência. É o chamado polimento para a competição.

Depois vem a transição para o corpo do atleta se recuperar e começar tudo novamente em um período de tempo mais curto.

Essa linearidade que se fazia antigamente gera alguns problemas, por exemplo, manter muito tempo o estímulo da capacidade aeróbica fatalmente perderá força e potência.

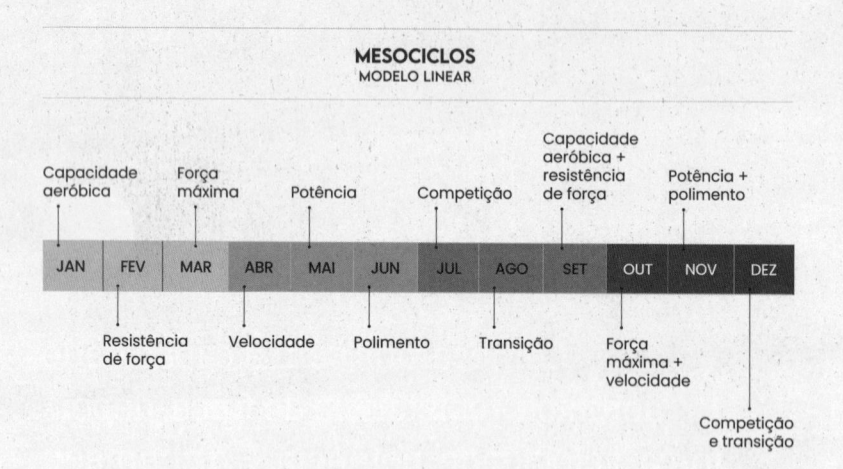

MESOCICLOS
MODELO LINEAR

JAN	FEV	MAR	ABR	MAI	JUN	JUL	AGO	SET	OUT	NOV	DEZ

Acima da linha:
- JAN: Capacidade aeróbica
- MAR: Força máxima
- MAI: Potência
- JUL: Competição
- SET: Capacidade aeróbica + resistência de força
- NOV: Potência + polimento

Abaixo da linha:
- FEV: Resistência de força
- ABR: Velocidade
- JUN: Polimento
- AGO: Transição
- OUT: Força máxima + velocidade
- DEZ: Competição e transição

Trabalhar muito tempo a resistência da força diminui a potência e a velocidade, então o que se percebia é que o atleta oscilava muito, tinha períodos de altos rendimentos e outros períodos de baixos rendimentos.

Hoje, por questões comerciais, é necessário participar de muitas competições para dar visibilidade ao patrocinador. Em uma comparação simples, dos anos 80 para os anos 2000, o número de competições quase triplicou.

CROSS TRAINING

Temos que manter o atleta
por muito mais tempo competindo e no
auge da sua performance.

Essa necessidade levou o surgimento do **modelo ondulatório e o modelo em blocos.**

MODELO ONDULATÓRIO E LINEAR

O modelo ondulatório tem uma predominância de estímulos em cada período, mas não deixa de trabalhar as demais capacidades necessariamente. Isso se encaixa muito ao *Cross*, por treinar várias capacidades físicas.

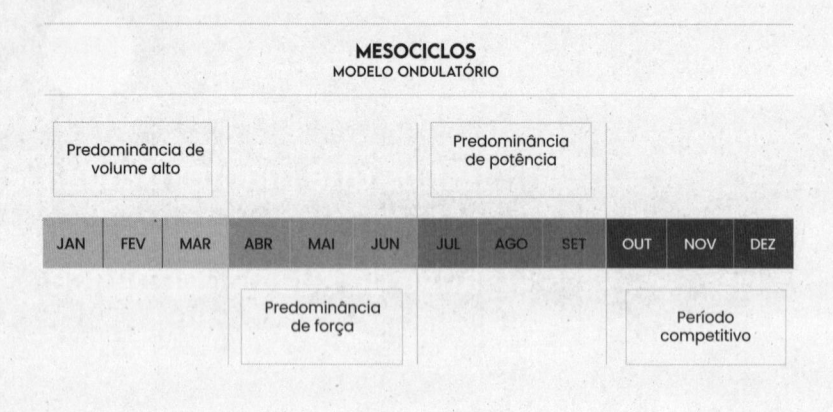

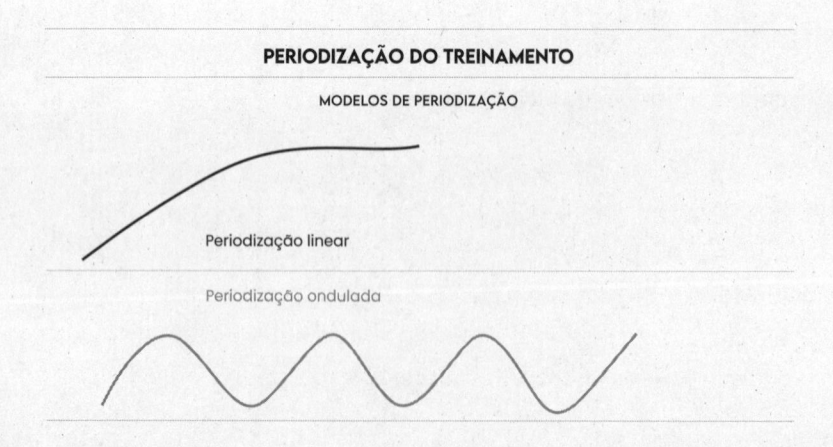

MESOCICLOS
MODELO ONDULATÓRIO

| JAN | FEV | MAR | ABR | MAI | JUN | JUL | AGO | SET | OUT | NOV | DEZ |

Predominância de volume alto (JAN–MAR)
Predominância de força (ABR–JUN)
Predominância de potência (JUL–SET)
Período competitivo (OUT–DEZ)

PERIODIZAÇÃO DO TREINAMENTO
MODELOS DE PERIODIZAÇÃO

Periodização linear

Periodização ondulada

O **modelo ondulatório** é caracterizado por alterações mais frequentes de volume e intensidade. Em vez de fazer alterações ao longo de um período de meses, este modelo faz as mesmas alterações semanalmente ou mesmo diariamente.

No gráfico da **periodização linear,** visto anteriormente, podemos notar que não há essa alteração com tanta frequência. A proposta é alterar ao longo do ano, porém com alterações de estímulos muito mais rápidas. Ele trouxe soluções a diversos problemas que existiam no modelo linear, um deles era o acúmulo de fadiga e o outro é a manutenção das capacidades físicas.

> **Quando desenvolvemos uma capacidade física de cada vez é difícil manter as demais capacidades físicas.**

No começo da temporada trabalhou capacidade cardiorrespiratória e resistência muscular, quando estiver trabalhando velocidade irá perder resistência pela falta de estímulo dessa capacidade. Um exemplo disso é o caso da hipertrofia. É muito difícil manter a hipertrofia com séries de cinco ou quatro repetições porque precisa de um volume para gerar a fadiga necessária que quebra a fibra muscular e gera a hipertrofia (POLIQUIN, 1988).

Com relação ao acúmulo de fadiga, que era um outro problema, quando trabalhamos uma única capacidade física hiperestimulamos o corpo da mesma maneira. Com o acúmulo de intensidade, vai subindo a intensidade progressivamente e não dá tempo para o corpo se recuperar, somado ao acúmulo de fadiga. A periodização ondulatória também resolveu esse problema.

Outro problema que a periodização ondulatória resolveu foi o platô. Se estimularmos o corpo sempre da mesma maneira ele tende a entender aqueles estímulos e para de evoluir.

O corpo se adapta a estes estímulos, por mais que continue estimulando e continue progredindo, mesmo que seja um estímulo crescente. Uma vez que o corpo entende isso, ele para de evoluir e de se adaptar com a mesma capacidade que tem. O corpo do atleta entra em um platô e se não der estímulos diferentes não sai desse platô.

> **Variedade de treinamento, manipulações não lineares de volume e intensidade proporcionam mudanças mais frequentes em estímulos e períodos de recuperação e são importantes para os ganhos de força adicional. (Harries, 2015).**

O problema do platô não é muito vivenciado pelos mais novos. Os treinadores que já atuavam nos anos 90 presenciaram muitas pessoas que treinavam musculação e não saíam daquilo. Nunca mudava, permanecia igual por cinco, seis anos. Provavelmente o treino mudava muito pouco também, por isso também não saia do platô. Diante do aumento da demanda, o sistema neuromuscular se adaptou ao aumento da força muscular. Uma vez que o sistema tenha se adaptado a demanda ou carga, os aumentos de força não são mais necessários e os aumentos acabam eventualmente (RHEA, 2002).

Alguns autores trouxeram respostas interessantes, como nesse modelo proposto em um estudo de periodização ondulatória. Neste caso específico só do treinamento de força, três estímulos por semana. No primeiro estímulo da semana coloca-se estímulos com 50% de uma repetição máxima, na segunda vez da semana 65% e na terceira vez 80%.

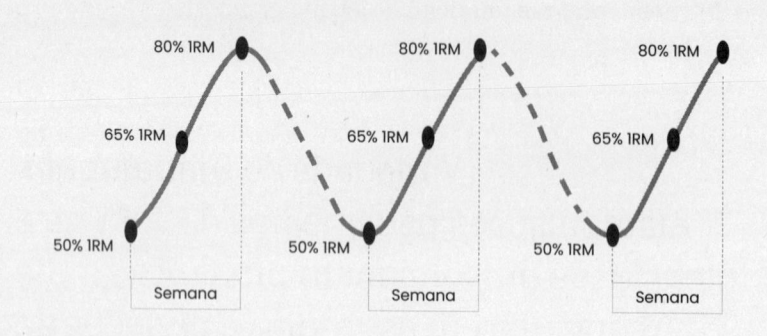

Hoje em dia aplicamos de maneira natural, sem pensar, mas isso até os anos 80 era um problema.

Vamos ver esse outro modelo:

Table 2: Alternating accumulation and intensificationn phases for strength development						
Weeks	1-2	3-4	5-6	7-8	9-10	11-12
Reps	10-12	4-6	8-10	3-5	5-7	2-3
Sets	3	5	4	5	4	6
Intensity	70-75%	82-88%	75-78%	85-90%	80-85%	90-95%
Volume (total reps)	30-36	20-30	32-40	15-25	20-28	12-18

(POLIQUIM, 1988)

Aqui temos diversas mudanças de volume e intensidade. As mudanças de estímulos propostas nesse artigo vinham a cada duas semanas, dando alternância de volume e intensidade. Começava com séries de 10 a 12 e terminava com séries de duas a três repetições.

Percebemos que dessa maneira pega-se todo o espectro da força, dissemos que a força tem várias expressões, então pega-se todo o espectro da mudança de força que estimulava a cada duas semanas.

Nesse outro gráfico sobre o modelo ondulatório podemos ver que a linha do volume começa alta e da intensidade começa mais baixa. Veja como ela sobe e desce, esse modelo ondulatório é muito útil. Nós já sabemos que temos ferramentas para mudar o nosso treino a todo momento, estimulando nossos alunos de diversas formas.

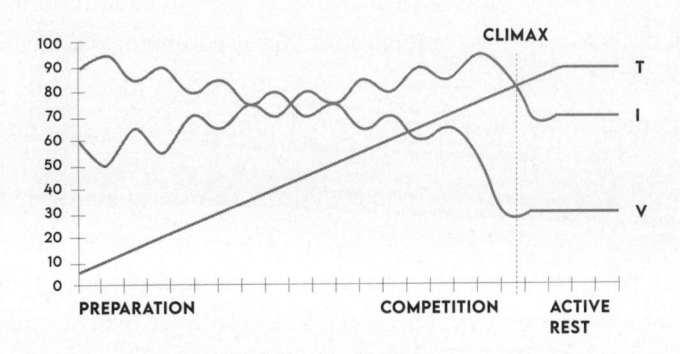

(PLISK SS, STONE MH, 2003)

Temos outro gráfico de outro estudo, onde podemos ver que apesar do volume crescente temos uma alternância constante de volume e intensidade, não é linear.

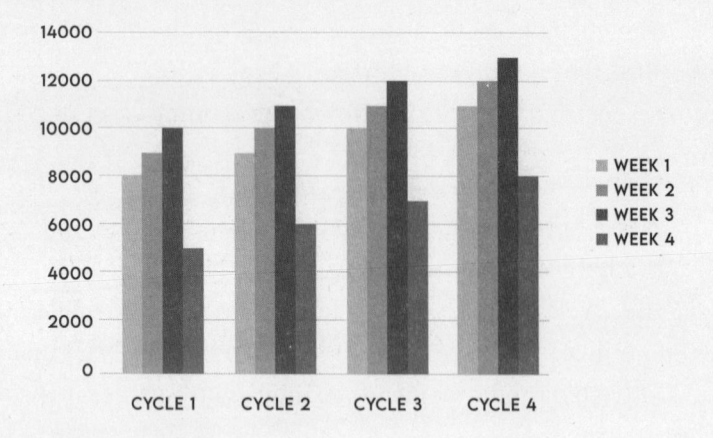

[Gráfico de barras: eixo Y de 0 a 14000; eixo X com CYCLE 1, CYCLE 2, CYCLE 3, CYCLE 4; legenda WEEK 1, WEEK 2, WEEK 3, WEEK 4]

O **modelo ondulatório,** em uma determinada fase, tem a predominância de volume alto, é uma predominância, mas não deixará de estimular as capacidades que exigem um volume baixo com alta intensidade, por exemplo, força máxima e potência.

Teremos outro período com **predominância maior de força,** mas não por isso deixará de estimular o cardiorrespiratório, a resistência lática. Depois outro com **predominância de potência,** e assim por diante até chegar no período competitivo. Se encaixa com o nosso modelo do *Cross*, cada dia um treino novo, que trabalha todas as capacidades físicas, mas com predominância para algumas capacidades físicas em detrimento de outras.

Em outro gráfico, de um novo estudo, podemos ver que é bem semelhante, começa com um volume mais alto, mas com intensidade mais baixa. Esse gráfico é da carga de treino, a carga de treino é o PSE da sessão vezes o tempo. O volume da sessão, na disciplina de controle de carga da pós-graduação, falamos muito sobre isso. Mas aqui, para ficar mais claro, nós vamos manipulando o volume e a intensidade do nosso aluno para ele não ter uma adaptação fácil.

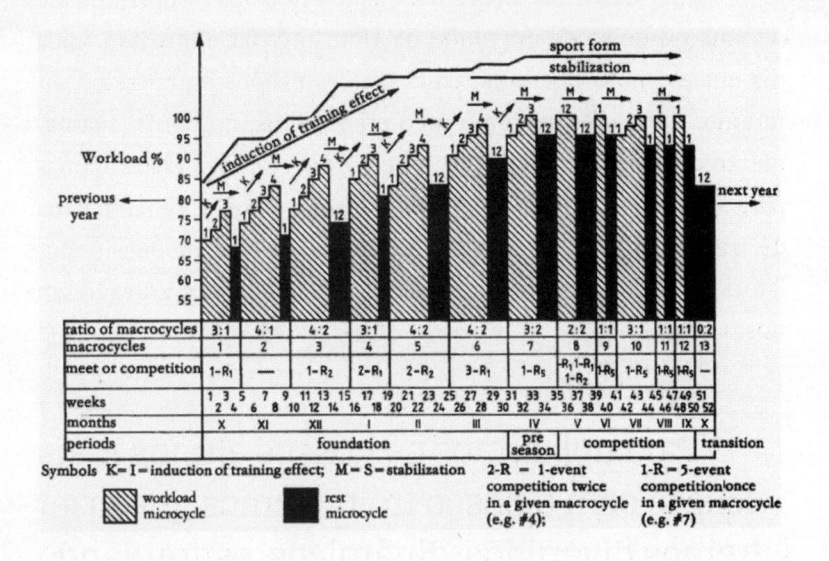

> **Quanto maior a amplitude de estímulo, maior é a capacidade do corpo de se adaptar.**

Devemos ter isso em mente, o modelo de periodização ondulatória veio quebrando diversos paradigmas e ficou famoso por meio desse modelo do *CrossFit*®.

O que o *CrossFit*® fez? Ele jogou para a população normal, que busca saúde e qualidade de vida, o modelo que já vinha sendo aplicado aos atletas, que era esse modelo ondulatório, e colocou uma ondulação muito mais intensa, não só semanal, mas diária, esse foi o primeiro modelo proposto pelo *CrossFit*®.

Antes da virada do século, quando tivemos a oportunidade de uma pesquisa de um aluno da Unicamp, fazíamos isso, cada dia um estímulo diferente. Cada dia era proposto um treino diferente, tinha um dia que o foco eram saltos, no outro levantamento de peso, tinha o dia da hipertrofia, era a realidade apenas para atletas. O *CrossFit*® chegou e estourou à porta, não tem nada de treino de atleta não, todos podem fazer esse modelo ondulatório. Esse conceito é importante para deixarmos gravado em nossa mente.

> **Para deixarmos os nossos alunos mais felizes com o nosso treino temos que fazer treinos divertidos, dinâmicos, estimulando o aluno de diversas maneiras.**

Desperte nele a percepção de que não é só a força que está evoluindo, mas também a flexibilidade, o sistema cardiorrespiratório, mesmo nos treinos de levantamento de peso. A assim podemos estimular força até em idosos, que se sentirão muito melhor.

Essa será a chave para encher a sua cartela de clientes. Isso ocorre porque conseguimos gerar resultados, fazer com que os treinos sejam divertidos, dinâmicos e ao mesmo tempo fazer com que os alunos queiram falar sobre isso. Ele vai sair do treino querendo comentar sobre isso com seus amigos e familiares. O marketing boca a boca vai encher a sua cartela de clientes, não só pelo resultado, mas porque o seu aluno gosta do seu treino.

O modelo ondulatório
das capacidades físicas é a base
do *Cross Training*.

É possível melhorar várias capacidades físicas ao mesmo tempo, estimulando de maneiras diferentes, a questão é qual a maneira que leva o corpo a evoluir? No começo dos estudos de periodização ondulatória eles estimulavam duas ou três capacidades físicas, hoje sabemos que conseguimos manter as capacidades físicas por muito mais tempo.

Em resumo, o modelo ondulatório é excelente para períodos de preparação geral e para o trabalho com público em geral, pessoas comuns.

Lembre-se que o *Cross Training* é um sistema que mistura diferentes métodos de treinamento. Desenvolver a aptidão física também é o objetivo da fase de preparação geral, em que você pode utilizar o *Cross Training* como sistema de preparação para pessoas comuns ou para atletas.

O que mais se encaixa com o trabalho com atletas, o que fazemos em nível competitivo, é a periodização de modelo blocado de Verkhoshanski. Quando falamos no âmbito do esporte coletivo temos o que seria uma evolução do modelo blocado aplicado ao futebol, que é o modelo de cargas seletivas proposto pelo professor Antonio Carlos Gomes. Porém, com a preparação geral, podemos utilizar o *Cross Training*, com uma atenção maior aos estímulos gerados. O modelo blocado propõe um ciclo de treinamento com cargas de trabalho especializadas altamente concentradas. Isso significa direcionar um grande número de exercícios e tarefas para habilidades-alvo selecionadas, enquanto outros não são submetidos a estímulos de treinamento. (ISSURIN, 2008).

A duração de cada bloco permite que as alterações bioquímicas, morfológicas e neurais desejadas ocorram, porém sem acúmulo de fadiga.

Existe um período próprio da programação com o estímulo suficiente para causar uma resposta, mas esse modelo considera o tempo em que há uma ausência de estímulo. Que nunca ultrapassa o tempo em que essa capacidade chegaria ao destreinamento. Já que a ausência de estímulo causa uma resposta cada vez menor, chegando até o destreinamento, o blocado prevê que de tanto em tanto tempo deve ser gerar um determinado estímulo em sequência. Isso permite que haja vários picos de performance.

Esse modelo se resume, então, em blocos de treino com cargas concentradas e poucas metas, no máximo quatro blocos, que seriam como mesociclos e a união deles forma uma etapa de treinamento. Cada bloco dura de duas a seis semanas de treinamento

Sugerimos, para quem não tem experiência em periodização, que comece com um macrociclo de três a seis meses, para ter mais controle dos resultados. Não ultrapasse seis meses, três a quatro meses está bom, se quiser arriscar um pouco, seis meses no máximo.

No **modelo linear** dividimos em mesociclos, que são os períodos de predominância de uma, duas ou mais capacidades físicas, e colocamos qual será predominante. Vamos trabalhar resistência aeróbica, coordenação, agilidade, equilíbrio e flexibilidade, serão quatro quatro só trabalhando isso.

Depois muda o mesociclo, vamos trabalhar força e resistência anaeróbica, mais nada, e no último período antes da competição, trabalhar potência, velocidade e precisão. O próximo é o período competitivo, como no exemplo:

CAPACIDADES FÍSICAS DENTRO DO MESOCICLO LINEAR

	MESOCICLO 1				MESOCICLO 2				MESOCICLO 3			
Semanas	1	2	3	4	5	6	7	8	9	10	11	12
Força					x	x	x	x				
Potência									x	x	x	x
Velocidade									x	x	x	x
Resistência aeróbica	x	x	x	x								
Resistência anaeróbica					x	x	x	x				
Coordenação / agilidade / equilíbrio	x	x	x	x								
Flexibilidade	x	x	x	x								
Precisão									x	x	x	x

Caso opte por modelos assim, colocando o aluno para correr, remar, fazer treinos longos, levará quem gosta de um treino mais pesado a se sentir desestimulado, porque ficará dois meses sem fazer nada de força. Na hora de trabalhar força, aquele aluno, que quer emagrecer, reclamará que só está fazendo força, por isso não encaixa muito bem no modelo do *Cross Training*. Não que não possa ser utilizado, principalmente para periodizações individuais, mas para aulas coletivas é indicado.

Com aluno *personal* dá para mostrar o seu trabalho, dar uma aula no computador, mostrar como atingir os seus objetivos, no final fazer uma preparação para uma competição específica e mesmo assim pode ficar monótono o treino, por mais que consiga variar o treino os estímulos serão sempre muito similares. **Por isso sempre sugerimos seguir o modelo ondulatório dentro do sistema do *Cross Training*.**

No modelo ondulatório temos uma predominância em cada mesociclo e nessa predominância um programa de 12 dias ou até 15 dias, mais que isso não é bom. Na literatura não encontramos nenhum microciclo com mais de 15 dias, sendo possível encontrar microciclos de três dias.

Optamos na Box por dois macrociclos por ano dentro do modelo ondulatório. Uma avaliação no final do primeiro semestre e outra avaliação no final do segundo semestre e dessa forma vamos analisando a periodização. As ênfases variam entre um mesociclo e outro, mas sempre estimulamos um pouco de tudo. Nesse exemplo a seguir, programamos um mesociclo ondulatório com quatro estímulos de força, com três estímulos de potência, dois estímulos de velocidade, dois estímulos de resistência aeróbica, dois estímulos de coordenação, agilidade e equilíbrio, um de flexibilidade e dois de precisão.

ORGANIZAÇÃO DO MICROCICLO
MODELO ONDULATÓRIO

	SEG	TER	QUA	QUI	SEX	SÁB	DOM
Força	x	x		x	x		
Potência	x		x			x	
Velocidade					x	x	
Resistência aeróbica			x				x
Resistência anaeróbica	x				x		
Coordenação / agilidade / equilíbrio		x		x			
Flexibilidade							x
Precisão		x				x	

MODELO DE PROGRAMAÇÃO SEMANAL EM UM MODELO ONDULATÓRIO
DENTRO DO SISTEMA DO *CROSS TRAINING*

O principal foco desse mesociclo ondulatório é a força, é a capacidade física que estamos dando mais estímulos, mas não estamos deixando de estimular nenhuma outra.

Imagine a seguinte situação, você está no seu espaço com seu aluno que é supermotivado, aquele que treina aos domingos. Você diz para ele: "Estamos no período de desenvolvimento de força, vamos trabalhar a resistência aeróbica nos dias que não estimulamos a força, para fugirmos dos efeitos negativos do treinamento concorrente (mais adiante vamos ver sobre isso), então colocamos quarta-feira e domingo como o dia que irá correr uma hora". Ele vai adorar!

Assim faz com que o aluno consiga treinar sem você, nesse dia só irá passar o treino e ele continua estimulando.

No modelo ondulatório fazemos uma programação, já determinamos quais elementos iremos manipular no microciclo, então ondulamos os estímulos e isso se encaixa muito bem com o *Cross*.

Digamos que no modelo linear a cada duas semanas faça um introdutório, ordinário, choque e ordinário, muda as capacidades. Na verdade, até mesmo o linear acaba ondulando, para não levar o aluno a lesões com o excesso de estímulo. O modelo linear é mais antigo mas não é impossível de praticar.

> **É necessário utilizar um controle de estímulos para observar o que está dando certo e o que está dando errado.**

Quando trabalhamos com grupos fazemos uma divisão entre iniciantes, intermediários e avançados. Assim conseguimos controlar o que cada um está fazendo.

COMO ERA NO COMEÇO DO *CROSSFIT* ®?

Muitos de vocês já devem conhecer esse modelo, hoje em dia ele é pouco usado porque ficou obsoleto, mas mostro aqui para que entendam como as ideias foram surgindo, para aplicarmos no nosso próprio modelo o que se encaixa melhor.

TABLE 1 - TEMPLATE MACRO VIEW

3 DAYS ON, 1 DAY OFF

Day	1	2	3	4	5	6	7	8	9	10	11	12
	M	G W	M G W	Off	G	W M	G W M	Off	W	M G	W M G	Off

5 DAYS ON, 2 DAYS OFF

Day	1	2	3	4	5	6	7
wk1	M	G W	M G W	M G	W	Off	Off
wk2	G	W M	G W M	G W	M	Off	Off
wk3	W	M G	W M G	W M	G	Off	Off

MODALITIES

M = monostructural metabolic conditioning or "cardio"

G = gymnastics, bodyweight exercises

W = weightlifting, powerlifting and olympic lifts

Eles colocavam no primeiro dia só metabólico, no segundo movimentos de ginástica e levantamento de peso e no terceiro dia misturava tudo. Um dia de descanso, no quinto dia voltava de maneira monoestrutural, com um elemento só, a ginástica. E assim eles iam fazendo uma alternância, esse modelo em que a cada três dias de treino descansava-se um dia era o modelo que começou no *CrossFit*®. O começo do *CrossFit*® também se deu com atletas, com os atletas da ginástica olímpica.

Depois que começaram a aplicar com a população em geral eles perceberam que precisavam mudar e fizeram uma adaptação para uma rotina mais normal, com treinos cinco vezes por semana e descanso de dois dias, porém continuando com essa alternância de volume e intensidade bem frequente. Essa análise é interessante porque apesar desse modelo ter se tornado obsoleto ele trouxe essa resposta de que podemos estimular várias capacidades físicas ao mesmo tempo.

> ❝
> Trabalhei nos Estados Unidos em um box que usava esse modelo três por um e sempre está descansado, mas socialmente não é muito bom, as pessoas querem se divertir aos domingos, por exemplo, e o treino é pesado.

O senhor do seu treino é você, não aconselho colocarem rest day durante a semana. Vivemos em uma sociedade matriarcal cristã, com atividades que reúne a família aos domingos na casa das avós, não despreze esse elemento colocando treinos que exigem que seu aluno vá à academia.

Para atletas o modelo três por um e dois por um funciona muito bem. Descansa na quinta-feira e no domingo, na quinta-feira é sugerido treinar fraquezas e/ou flexibilidade e no domingo descanso total. Vai muito do que você programar e do perfil dos seus alunos.

Temos que entender as características dos alunos, da população e dos objetivos que nossos clientes têm. Existem modelos específicos (vou mostrar alguns no final do livro), como o modelo de assessoria de corridas, para essas pessoas, domingo é dia de correr, pode dar esse estímulo.

REGRAS BÁSICAS PARA PERIODIZAÇÃO

Para periodizar, sempre inicie com os padrões básicos de movimento, todo macrociclo se inicia com os movimentos mais básicos, sempre! Por mais que o aluno saiba fazer um *squat snatch*, comece pelos educativos e com carga leve, comece sempre pelo simples.

Estimule movimentos pelo peso corporal, não precisa ficar a semana inteira nisso, mas dê ênfase. Todo começo de macrociclo será assim, avance do simples até o mais complexo, vá avançando, pensando que no final da programação terá o auge da performance, por mais que não seja um atleta. Tenha bem claro e determinado os períodos de avaliações, os alunos se motivam com isso. Eles querem saber e é a maneira que tem de provar que o treino causou efeito, você fez a sua parte, sozinho ele não vai ficar forte, não aumenta a capacidade cardiorrespiratória e a flexibilidade sozinho. Não vai evoluir a capacidade dele de se movimentando sozinho.

De tempos em tempos programe avaliações físicas em seus alunos. Separe avaliações condizentes com a capacidade técnica e física dos teus alunos e, principalmente, que englobam os objetivos deles.

Precisamos verificar a capacidade que tem de se movimentar de acordo com o exercício que está conseguindo fazer.

Pense em pegar aquele aluno que não é atleta e coloca metas desportivas, metas de desempenho. É um grande fator motivacional, os alunos com mais de 40 anos querem estar bem, não estão preocupados se o abdômen está tão bem definido, quer correr, não está preocupado se o posterior está aparecendo, não se preocupa tanto com isso. Essas avaliações irão lapidar a mentalidade de treino que é tão importante para o desenvolvimento físico e a adesão na prática da atividade.

Mude a mentalidade, traga as metas de performance em primeiro lugar.

Quando as mídias sociais estavam crescendo, as pessoas chegavam me mostrando fotos com quem elas queriam parecer, ainda hoje isso ocorre, é preciso saber mudar o foco desse cliente. Devemos explicar entre outras coisas que o corpo é um reflexo da sua performance, então, quando agachar com a mesma carga que a *influencer* ou correr cinco quilômetros no mesmo pace, terá aquele corpo, porém cada um no seu biotipo.

Ocorre que o aluno quer ter o mesmo corpo de outra pessoa que agacha com 100 quilos no *back squat* fazendo um treino que agacha meia repetição com 10 quilos. Impossível!

O seu corpo será o resultado da sua performance. É fácil a pessoa ir para a dopagem, definitivamente um problema a longo prazo, depois vira um balão, perde a saúde. Precisa mudar essa mentalidade, para a performance ser mais importante do que a estética, que virá em um segundo plano.

Sempre que for programar, periodizar, deve que ter em mente o primor pela técnica. Devemos garantir que o aluno tenha técnica, porque quando chegar a hora de estimular a força não vai se machucar.

TREINAMENTO CONCORRENTE

Ao montar uma programação de treino devemos tomar alguns cuidados. Existem dois grandes riscos no *Cross Training*, um é o risco do **treinamento concorrente** e o outro é superestimular e entrar em *overtraining*. Temos muitas ferramentas para verificar o *overtraining*, a própria percepção subjetiva de esforço e a percepção da prontidão do aluno para o treino, como ele chega para o treino.

Quanto ao treinamento concorrente o mais comum é estimular e não gerar resultados. Porque quando estimulamos duas capacidades físicas ao mesmo tempo, como por exemplo, estimular a força e o cardiorrespiratório em uma determinada sequência, o corpo terá que lidar com a adaptação à estímulos diferentes. Isso faz com que o corpo não consiga se recuperar e supercompensar os dois estímulos, consegue lidar com um estímulo só, provavelmente perderá força, neste exemplo.

O QUE É O TREINAMENTO CONCORRENTE?

Para responder essa questão iremos retornar à outra pergunta já feita aqui no livro. É possível trabalhar todas as capacidades físicas ao mesmo tempo?

> Essa grande questão norteou os últimos anos de estudo da minha vida, sempre pensei nisso e isso me motivou a estudar tudo que envolve treinamento, queria saber, aplicava o *Cross Training* para saber se era possível trabalhar e evoluir todas as capacidades físicas ao mesmo tempo.

Em um artigo, o pesquisador J.Stegeman joga uma luz sobre esse tema Mixed Training Produces Mixed Results.

Treinos aleatórios misturados irão produzir resultados aleatórios e misturados e essa é a importância de controlar os estímulos propostos.

Não adianta dar qualquer estímulo, você não terá controle sobre os resultados. É nossa obrigação gerar o resultado nos nossos alunos, não podemos perder esse foco.

É sua obrigação gerar o emagrecimento no seu aluno que te contratou querendo emagrecer, é sua obrigação gerar hipertrofia no seu aluno que deseja hipertrofiar. Precisamos ter o controle do resultado e para isso precisamos ter o controle dos estímulos.

Mas como gerar vários estímulos na tentativa de evoluir todas as capacidades físicas sem ter a interferência do treinamento concorrente?

Precisamos entender que treinamento concorrente descrever uma única sessão de treinamento durante a realização de exercícios de resistência e de força/potência. Ou quando um atleta incorpora os dois tipos de treinamento em diferentes ocasiões, como parte de um programa de treinamento periodizado (COFFEY, 2017).

Simplificando, são estímulos diferentes integrados que geram efeito de interferência!

A interferência desses estímulos diferentes colocados de maneira integrada gera um novo resultado. Podemos impulsionar ou ter uma interferência negativa, isso é o treinamento concorrente.

Para entendermos o treinamento concorrente precisamos conhecer e saber do princípio da especificidade. Ele tem papel central para promover adaptação, não irá promover uma adaptação de hipertrofia colocando seu aluno para correr 10 quilômetros, ou seja, um estímulo muito diferente do resultado desejado.

O princípio da especificidade deve gerar um estímulo condizente com o resultado desejado, o princípio da especificidade está baseado no volume, intensidade, frequência e o modo da atividade contrátil. Esses quatro pilares sustentam o princípio da especificidade.

Para compreendermos o treinamento concorrente precisamos saber que exercícios diferentes induzem perfis moleculares de sinalização e expressão gênica diferentes no músculo esquelético. Quando gerado um estímulo o músculo começa a ser alterado geneticamente e se adapta. Alterações por meio da replicação genética condizente com o estímulo proposto.

Se der um estímulo diferente do resultado desejado irá gerar um resultado diferente, quanto mais específico e semelhante for o estímulo, melhor será o resultado. Esse é o motivo da necessidade de causar estímulos específicos e semelhantes em atletas. Se você fizer um treino muito aleatório em um atleta o resultado não será replicado.

O perfil molecular de expressão gênica decorre disso, precisamos saber que para promovermos uma adaptação temos que mexer no volume, intensidade, frequência e no modo da atividade contrátil. Para causar a adaptação desejada é necessário mexer nesses pilares.

Dentre muito artigos publicados nos últimos anos notamos que a especificidade proporciona uma resposta molecular modificada. Com estímulos específicos teremos respostas moleculares específicas e com estímulos divergentes, teremos respostas moleculares divergentes. Sabemos que exercícios de *endurance* podem atenuar a hipertrofia, e força muscular e essa interferência do treinamento simultâneo, concorrente é desconhecida, como exatamente acontece é desconhecido (COFFEY, 2017).

Não conseguimos provar, por exemplo, que aumentando essa substância ela vai interferir na outra. Podemos supor, mas, provavelmente, o que acontece são múltiplos efeitos e processos integrados e não isolados.

Suspeitamos que o estímulo anaeróbico promove certos hormônios que interferem nessa expressão gênica e na replicação de células musculares gerando toda uma cadeia de alterações. Não sabemos exatamente como isso acontece, os pesquisadores ainda não chegaram a uma elucidação completa.

O que sabemos é que ao causar estímulos diferentes obtemos resultados diferentes, as maiores suspeitas são provenientes de múltiplos fatores.

Relações hormonais, bioquímicas e o perfil genético da célula e o que mais se sabe é que a qualidade da contração interfere diretamente no resultado da interferência.

Muitas das nossas dúvidas são provenientes desse estudo, os mesmos estímulos em pessoas diferentes geram respostas diferentes. Essa é uma complicação da nossa ciência, que não é uma ciência exata. Podemos ver que quando colocamos uma pessoa destreinada para fazer tanto um treinamento unimodal ou um treino concorrente conseguíamos uma melhora.

Para aquelas pessoas com experiência moderada já conseguíamos ver um certo nível de interferência no resultado e as pessoas altamente treinadas, uma interferência maior ainda.

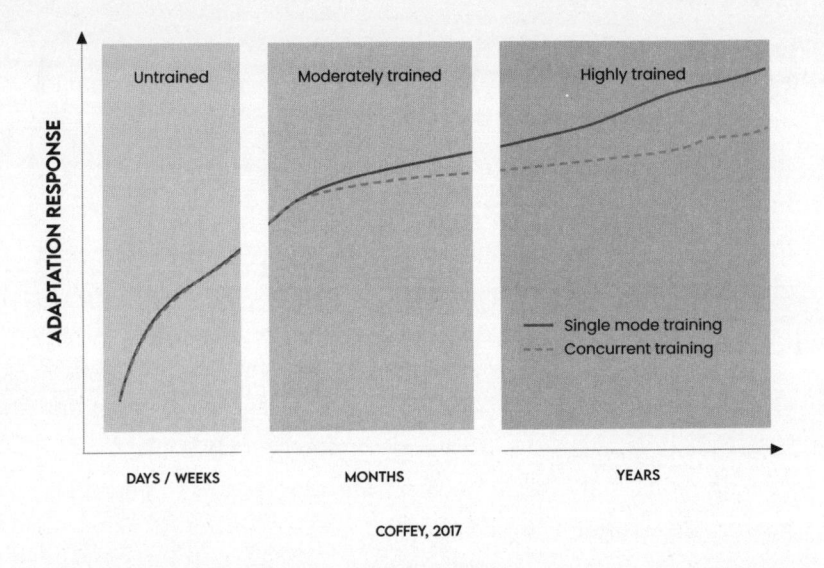

Adaptation Response — Untrained (Days/Weeks), Moderately trained (Months), Highly trained (Years)
— Single mode training
-- Concurrent training

COFFEY, 2017

As pessoas foram colocadas para fazer treinamentos de hipertrofia, resistência, força e treinamento aeróbico na bicicleta. Como podemos ver nesse quadro, de um lado as pessoas que só treinaram *endurance*, treino de resistência e o treinamento concorrente foi igual. Do outro lado as pessoas que treinaram resistência e força podemos notar o que mudou. Isso com alunos treinados, os que não eram treinados isso não ocorreu.

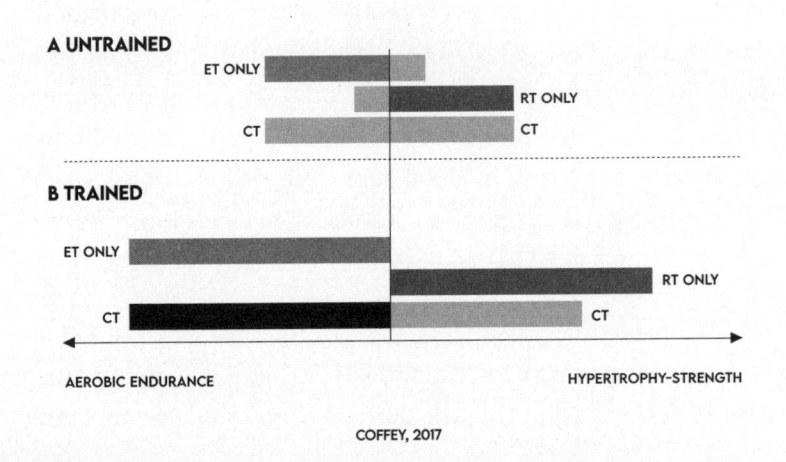

A UNTRAINED
ET ONLY / RT ONLY / CT / CT

B TRAINED
ET ONLY / RT ONLY / CT / CT

AEROBIC ENDURANCE — HYPERTROPHY-STRENGTH

COFFEY, 2017

Nesse ponto começam a surgir as dúvidas de como funciona, interfere ou não interfere. Depende! É como se o corpo não entendesse o que está estimulando e melhorasse tudo. São estímulos diferentes, mas que o corpo ainda não entende e como o indivíduo ainda não está bem treinado ele dá uma resposta semelhante. Não sabemos exatamente como, não está completamente elucidado, mas sabemos que existe uma certa interferência.

E no *Cross Training*? Se sabemos que há uma interferência, e a base do *Cross Training* é misturar os estímulos, como fica isso? Sabemos que se isolar um estímulo obtemos evolução. Vimos que uma maneira de otimizar a evolução do seu aluno é a mistura de estímulos, mas como?

No próximo capítulo entraremos especificamente este tema, mostraremos algumas fórmulas que devemos respeitar para não ter interferência negativa. O objetivo é ter interferência positiva, estimular mais as adaptações que desejamos causar.

Poderíamos trazer aqui diversos artigos científicos para embasar o que estamos dizendo, mas resolvemos trazer apenas um, uma revisão de literatura, a melhor que encontramos até o momento sobre esse tema. Na revisão sistemática consideraram todos os artigos que já trataram de treinamento concorrente, são bem abrangentes e chegaram as seguintes conclusões. O treinamento concorrente tem impacto negativo na força, os impactos são maiores em indivíduos bem treinados e a interferência é maior quando os treinos são separados por períodos menores que 20 minutos (PETRÉ. et al., 2021).

Considerando isso, eles sugerem que para os indivíduos bem treinados separe os estímulos com períodos superiores a duas horas, entre um treino e outro. E para os atletas amadores esses treinos podem ser feitos na mesma sessão. A revisão mostrou que existe uma interferência, que ela pode ser significativa, mas existe algum modelo em que a interferência não é importante, onde ela é mínima.

É exatamente isso que eles ainda não conseguiram enxergar, porque os estudos são muito diferentes, existem estudos com atletas, com pessoas sedentárias, estudos com poucos indivíduos, com experiência moderada, então não conseguem chegar a uma única conclusão robusta. O que se sabe é que realmente existe uma certa interferência, mas não conseguimos enxergar claramente o quão importante é.

São vários tipos de estímulos em treinos diferentes. Pode treinar força fazendo entre dois e cinco repetições, pode treinar força fazendo entre sete e 10 repetições ou até 15 a 20. Podemos treinar a capacidade aeróbica fazendo treinos de mais de 30 minutos ou treinos com intervalos. Nessas revisões podemos ver diversos modelos de treinamentos e cada modelo com uma conclusão diferente. Por isso não conseguimos fechar uma fórmula, o mais certo é que não temos uma conclusão exata.

Existem modelos de treinamentos que o treinamento concorrente impulsionou o resultado, como existem outros modelos de treinamento que prejudicou o resultado. Um exemplo disso é o princípio da pós-ativação.

O princípio da pós-ativação é uma fórmula de treinamento concorrente, primeiro se faz exercícios com alta atividade neural, depois fecha o treino com um exercício do mesmo perfil motor, mas muito mais simples.

Nesse tipo de treinamento concorrente aproveitamos o estímulo de força, aumentando a eficiência do exercício posterior e melhorando o desenvolvimento metabólico. Isso é um tipo de treinamento concorrente que impulsiona o resultado do aluno.

Não podemos simplesmente dizer que o treinamento concorrente é negativo. Devemos saber usar o treinamento concorrente da melhor maneira possível, entender como que o perfil da ativação pode mudar o resultado, como associar e crescer e como pode associar e prejudicar. Mais adiante vou mostrar a fórmula que você utiliza para montar os seus treinos no seu dia a dia depois desse curso.

A periodização é como um ato de equilibrar a aptidão física e a fadiga.

A consequência de tudo isso que vimos sobre o treinamento concorrente é concluirmos que a periodização é um ato de equilibrar a aptidão física e fadiga (PLISKAND STONE, 2003) e vendo isso já pensamos, preciso periodizar! Periodizar e programar de maneira excelente para conseguir garantir o resultado do meu aluno.

A periodização do treinamento adquire uma característica fundamental para minimizar os efeitos negativos potenciais do treinamento concorrente (TIBANA, 2019).

Ao chegar a essa conclusão entendemos que a programação é a parte da periodização mais importante para quem trabalha com alunos que visam saúde e condicionamento físico. Também é muito importante para os atletas, programar com excelência, essa parte específica da temática da periodização tem papel fundamental para minimizar os efeitos negativos potenciais do treinamento concorrente.

A conclusão de um artigo do Tibana (2019) é muito interessante: não fuja do treinamento concorrente, minimize os efeitos negativos potenciais do treinamento concorrente com a manipulação dos elementos da periodização e da programação. Nota-se uma consequência imediata ao dominar a aplicação desses elementos diários da programação.

> **A preparação deve otimizar os melhores métodos de desenvolvimento das capacidades físicas enquanto minimiza a fadiga.**

Um exemplo prático é que para estimular o sistema neural, neuromuscular e gerar um estresse no treino é necessário promover a alteração de volume e intensidade. Dessa forma a parte mais neuromuscular gera força e controle motor.

A falta de alteração de volume e intensidade pode causar um over training, exagerando no estímulo e causando uma queda, como já vimos na curva da supercompensação. Para o estímulo não ocorrer prematuramente e cair é necessário dominar a alternância de volume e intensidade durante a programação do seu aluno.

Alguns dias o volume será alto e a intensidade baixa, em outros dias o contrário, a intensidade estará alta e o volume baixo. Nos próximos capítulos vamos falar sobre isso e precisamos dominar o tema. Vamos explicar e passar a fórmula para você montar os seus treinos e como trabalhar baseado nas vias energéticas.

Com o conhecimento da periodização ondulatória, somado ao conhecimento do treinamento concorrente, temos uma boa base para trabalharmos as capacidades físicas e as vias energéticas e finalmente chegarmos à montagem dos treinos.

MAPA DA IGNORÂNCIA

O Mapa da Ignorância é um termo da filosofia que significa olhar para toda a sua área de atuação e identificar o que não sabe e poderia saber para melhorar a sua atuação profissional.

Agora vamos fazer um grande Mapa da Ignorância para nossa área. Algo em que devemos trabalhar com calma e sinceridade. Olhe de maneira geral para nosso campo de atuação e veja o que precisa saber para dominar a sua atuação como profissional.

Citaremos somente as grandes disciplinas, já que seria necessária uma análise bem mais profunda se for entrar no caso concreto. Mas sugerimos que cada um se aprofunde nessa autoanálise. Isso vai te proporcionar senso de realidade e crescimento pessoal.

Olhe para todas as possibilidades que temos durante uma sessão de treino, seguindo a ordem cronológica em que elas ocorrem, e não a ordem que montamos. Após isso vamos entrar na parte do conhecimento que precisamos adquirir para prescrever com maestria cada uma dessas partes. Isso é o Mapa da Ignorância.

SESSÃO DE TREINO

Aquecimento
Mobilidade
Potência / Agilidade / Técnica
Força
Complexos
Metabólicos
Preventivo de lesão
Core Training
Recovery

A primeira parte do treino é o **aquecimento** e depois treinamos a mobilidade. É importante diferenciar mobilidade de flexibilidade. A mobilidade tem uma relação com a capacidade de alcance articular, enquanto a flexibilidade é basicamente amplitude de movimento.

Mobilidade influencia, por tanto, na capacidade de gerar movimento em uma determinada amplitude, por exemplo, pode ter mobilidade para fazer um *press* e não ter a mobilidade para fazer um *overhead squat*.

O trabalho de **flexibilidade** não se faz antes de um estímulo de força, porém é possível e sugerido que se faça um trabalho de mobilidade antes dos treinos de força, para garantir um bom deslizamento dos tendões dentro da cápsula articular, por exemplo. Siga sempre a ordem.

Depois vem o trabalho de **potência, agilidade e técnica**, só depois **força**. Se inverter não conseguirá gerar potência nem agilidade, pode até estimular, mas o corpo não terá resposta.

Depois faça os **complexos,** quando digo complexos vou além dos complexos que o *CrossFit*® trabalha. Um trabalho de recuperação de atleta melhora a capacidade de conexão dos músculos em diferentes ângulos motores, é mais a fundo. Os complexos de *Kettlebell* também entram aqui. E se fizer um complexo muito curto, pode trabalhar mais potência. Isso é da área de reabilitação e não iremos me aprofundar aqui.

Inicie pelo simples, um *deadlift* unilateral e sobe estimulando uma flexão de quadril até que suba na caixa e troque de perna. Dessa maneira você ensina o corpo a se movimentar de maneira harmônica, coordenada e transmitindo a potência de uma cadeia para outra, de uma articulação para a outra.

Tudo que está antes do metabólico não pode ser colocado depois, se colocar depois não terá o resultado e sim efeitos negativos do treinamento concorrente. Nos capítulos posteriores eu coloco uma regra para aplicação desse conceito.

Depois vem o preventivo de lesão. Levar para um ângulo que quer trabalhar e chegar à fadiga e depois da fadiga não consegue fazer mais nada. Por isso, o preventivo de lesão vem depois, pode até mudar, mas nunca levando até a fadiga, só para dar uma ativada.

Uma coisa é fazer antes do treino um trabalho com elástico, duas séries de 10, três séries de 15. Outra coisa é depois, quando faz o mesmo exercício somado a outros do mesmo padrão em forma de *bi-set* com séries de 25 levando até a fadiga, vai gerar uma fadiga dos estabilizadores. Muitas lesões acontecem no final de treino porque já está completamente fadigado e a estrutura não está preparada.

Depois um *Core Training*, que é diferente daquela ativação do *Core* que se faz no começo, o foco é realmente treinar a região do *Core*, não simplesmente ativar. E por último um *Recovery*.

Domine as áreas do conhecimento da educação física ligadas a fisiologia do exercício, da biomecânica, anatomia, biologia, tensegridade e eixos anatômicos.

Assim você vai aplicar um bom aquecimento e um bom treino de mobilidade. Vai melhorar a técnica do seu aluno com os estímulos corretos para potência e agilidade. Se colocar 30 minutos para fazer agilidade você não trabalhou agilidade, fadigou.

A área do conhecimento da educação física que precisa dominar para fazer um bom aquecimento e fazer um bom treino de mobilidade no seu aluno são: **força**, também muita **biomecânica**, treinamento de força sempre têm muita biomecânica envolvida, **fisiologia** do exercício e **treinamento desportivo.** Todos os exercícios que denominamos complexos têm muita biomecânica, fisiologia, biologia, tensegridade, elementos de reabilitação e o tempo necessário para fazer. Para os **metabólicos** basicamente é fisiologia do exercício e treinamento desportivo.

Preventivos de lesão, biomecânica, treinamento desportivo, muita anatomia e biologia. Digite no Google em inglês *movment as medicine* e encontrará um movimento gigantesco de fora do Brasil, a medicina por meio do movimento. E existem muitas informações também sobre prevenção de lesão.

Sobre *Core Training*, treinamento desportivo, anatomia, se o aluno não tem capacidade de contrair o abdômen e respirar, corre sérios riscos de se machucar em treinos intensos. Existe, agora, uma moda chamada LPF *(lowpressure fitness)*, fiz um curso para entender antes de criticar.

O básico do **LPF** é sensacional, porque faz a pessoa desassociar o reto abdominal do transverso do abdômen. Quando contrai o reto abdominal a sua costela abaixa perdendo a capacidade respiratória com a costela baixa. Quando respira expande sua caixa torácica, mas quando expande a caixa torácica e relaxa o abdômen, se não estiver desconectando o transverso do reto, sua lombar estará desprotegida. As pessoas perderam essa capacidade, precisamos ensiná-las.

Quando me pedem para dar essa aula, dou os conceitos básicos de LPF, para a pessoa desassociar a respiração diafragma da abdominal. Ela continuará trabalhando com o transverso ativado e respirando, e a caixa torácica funcionando.

Quando coloca seu aluno para fazer isso, o seu valor automaticamente sobe, ele percebe o cuidado que está tendo, percebe que você não é um passador de treino, a educação física tem essa capacidade.

É a diferença de um *personal* que ganha bem e é valorizado, de outro que não consegue evoluir.

Na parte final do *Recovery* tem anatomia, fisiologia, treinamento desportivo e biologia.

Eu não dou respostas prontas, minha função é explodir a sua cabeça com perguntas, destruo o castelo e deixo vários pontos de interrogação. Tem toda a grande área do treinamento desportivo, a grande área da biomecânica, a grande área da fisiologia do exercício. Se seguir a montagem de treino nessa sequência você não vai errar em treinamento concorrente. A seguir estão as regras aplicáveis.

As possibilidades são infinitas, pode ter um treino de aquecimento, mobilidade e 45 minutos de parte metabólica. Pode também aplicar um treino de aquecimento, mobilidade, potência e preventivo de lesão, porque é regenerativo.

Você pode fazer o que quiser, só não pode inverter a ordem, com exceção do preventivo de lesão.

A liberação miofascial serve para aquecer em pouco tempo cada região do corpo com movimentos superficiais e rápidos em no máximo 20 segundos. Caso faça no final do treino, o ideal é pressão mais forte e movimentos mais lentos. A liberação miofascial pré-treino serve para aquecer porque estimula a microcirculação periférica A liberação miofascial no final é para soltar a musculatura, saltar a fáscia, por isso a pressão mais forte com movimentos mais lentos.

Pode utilizar um deaIdlift, que é um exercício da força, trabalhando diferente, como preparação para a parte metabólica de um *clean*. Pode colocar o *deadlift* no metabólico mas um trabalho será diferente do outro.

Existe um erro que o *CrossFit®* jogou na cabeça de vários treinadores. Ocorre nas competições um *wod* de 15 minutos matador, descansa dois minutos e tenta bater um recorde de *snatch*. Isso é supercomum. Como pode? A resposta é que isso é uma prova e não é um treino. Faz isso em treino e o seu aluno não vai alcançar melhora.

Ao analisar com calma esse mapa da ignorância podemos organizar nossos estudos baseado nas áreas que percebemos que ainda não dominamos. Então se pergunte olhando para aquela imagem: eu sei montar um bom aquecimento? Eu sei montar um treino que gere potência? Sei montar treinos metabólicos? E assim por diante.

A sinceridade e humildade ao olhar a realidade serão como uma bússola que apontará para onde deve estudar.

A FÓRMULA DE TREINOS DAS VIAS METABÓLICAS E OS MODELOS APLICÁVEIS

Neste capítulo vamos passar todas as fórmulas e atalhos para que consigam montar treinos que fujam do treinamento concorrente. Precisamos distinguir os prós e os contras do treinamento concorrente.

Inicialmente precisamos lembrar que o estímulo do treinamento induz uma resposta e essa resposta será condizente ao seu desejo de adaptação do corpo.

O ponto negativo do treinamento concorrente é que existe uma competição entre essas adaptações. Dado um estímulo, temos uma ativação ou bloqueio de genes específicos, ou de vias de sinalização que geram essa adaptação.

Temos algumas competições entre estas respostas adaptativas, isso é um problema. Um dos grandes argumentos de quem fala mal do treinamento concorrente, e prefere a periodização linear onde desenvolve uma capacidade física de cada vez, é que esses estímulos variados podem confundir o corpo. Essa competição de sinalização e bloqueio de sinalização pode mudar a ressíntese de proteína, a mudança de genes. O que pode gerar uma adaptação não tão forte.

O argumento favorável do treinamento concorrente é que podemos melhorar as capacidades físicas de uma só vez. Lembram daquela pergunta que me atormentou? Se era possível melhorar todas as capacidades físicas? Essa é uma possibilidade do treinamento concorrente. Se combinar de maneira adequada os estímulos, podemos potencializar, utilizando dois estímulos diferentes e mais de uma capacidade física.

Para isso acontecer é necessário uma programação adequada e um desenho do treino bem pensado. Esse é o nosso foco!

É importante compreender que os três sistemas energéticos não podem ser melhorados de maneira eficaz de uma só vez. Pensando em eficácia trabalhamos um de cada vez, mas o grande problema é que enquanto melhora um sistema o outro deixa de ser estimulado. Ou seja, você vai piorar uma capacidade física enquanto melhora a outra.

Por esse motivo que utilizamos a periodização ondulatória. Para possibilitar que todas as vias sejam melhoradas com estímulos diferentes.

A periodização ondulatória possibilita que evolua tudo, as vezes com uma eficácia um pouco menor, mas ocorre a evolução em tudo. Por isso é tão importante dominar a periodização ondulatória.

Como programar utilizando treinamento concorrente para potencializar sem causar interferência?

Essa é a grande preocupação, montarmos treinos sem a interferência negativa do treinamento concorrente. Para evitarmos isso é importante relembrar que temos os três sistemas. O alático de alta demanda neural e alta intensidade, o lático de alta demanda metabólica e volume alto de repetições e o oxidativo de baixa intensidade e ritmo sustentável.

Além disso temos dentro desses sistemas energéticos as capacidades físicas que são trabalhadas, nós vamos aprender a utilizar todos esses conceitos de uma só vez.

Agora vem a fórmula mágica! Para deixar tudo organizado utilizo modelos para montar os treinos.

O MODELO 1 É O ALÁTICO

Com esse modelo faço com que a primeira parte do treino tenha estímulos aláticos, desenvolvo as capacidades desse sistema. E na segunda parte do treino passo para o lático.

```
┌─────────────┐
│   alático   │
└─────────────┘
       ▼
┌─────────────┐
│   lático    │
└─────────────┘
```

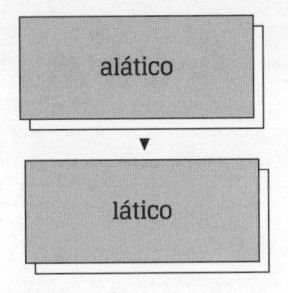

Esse é um modelo clássico do *CrossFit®*, faz uma parte de técnica e outra de *wod*. Nesse exemplo temos um indivíduo avançado e um intermediário, o modelo alático não é utilizado na sala de musculação com facilidade. O lático é muito utilizado. Então mais adiante, quando falarmos mais do lático, especifico os modelos mais clássicos da musculação.

EXEMPLO
MODELO 1

AVANÇADO

A:
6x
2 power snatch #75% a 80%
90" descanso entre cada série

B:
4x 2' AMRAP
10 power snatch #55%
Máx cal bike
PSE: 7/8

INTERMEDIÁRIO

A:
10' EMOM
A1-impar: 5 a 7 DL c/ KB (ERR 8)
A2-par: 5 a 7 Supinos (ERR 8)

B:
B1: 5 a 7 avanço no lugar (ERR 8)
B2: 5 a 7 remada DB (ERR 8)
60" entre cada série

C:
3x
200m remo
25 abdominais completos
3' rest

Esse é um exemplo comum no *Cross Training*. A primeira parte do treino do indivíduo avançado, a parte A, são seis séries de duas repetições de *power snatch*, com 75% a 80% da carga, com descanso de 90 segundos entre cada uma das repetições.

Depois, na parte B, que é a parte lática, são quatro séries de dois minutos AMRAP, com três minutos de descanso, 10 *power snatch* e o máximo de calorias na *bike*. E para controlar esse estímulo coloco uma percepção subjetiva de esforço (PSE) entre sete e oito, um estímulo bem forte. Lembre-se que o objetivo para desenvolver o sistema lático é manter o mesmo ritmo forte, um pouco abaixo do limiar de lactato. O indivíduo vai bem forte, mas sem passar, se passar ele quebra, um pouco abaixo e os três minutos de descanso faz com que se recupere.

É importante dizer que os descansos variam para cada aluno, com o grau de experiência. Por exemplo, quando quero trabalhar mais com a resistência alática posso diminuir um pouco o descanso, fazendo paradas de 45 segundos, um minuto ou até 1/2 minuto e meio, que é o caso EMOM.

Quando trabalhamos na potência alática já dou um descanso maior, porque não quero de maneira nenhuma que esse indivíduo fique em uma zona de cansaço, que o corpo não consiga mais fazer essa ressíntese de estoque de ATP CP.

> Eu tive a oportunidade de trabalhar com o campeão brasileiro de *deadlift*. Em 2014 ele estava com vários problemas no *deadlift*, mas era o campeão brasileiro. Nessa oportunidade consegui corrigir um pouco o movimento dele e no primeiro treino fiquei assustado. Ele descansava 10 minutos para fazer de

> duas a três repetições. Com 10 minutos de descanso a maioria das pessoas intermediárias já esfriam. Ele fazia sete, oito séries de duas a três repetições e descansava 10 minutos. Isso é o exemplo de potência alática. Atualmente quando trabalho essa potência dou um descanso maior, três minutos e eu particularmente descanso cinco minutos. Já quando faço resistência alática faço 40, 45 segundos até um minuto e meio no máximo.

Podemos entender agora a diferença do treino A avançado para o treino A intermediário. No treino A intermediário o aluno ainda não tem a capacidade de fazer 2 repetições com uma carga muito alta. Tecnicamente ainda não tem capacidade ou o corpo dele ainda não está preparado. Então coloco repetições um pouco maiores de cinco a sete repetições dentro de um EMOM. Com isso trabalhamos a resistência alática.

Nos minutos ímpares do EMOM ele faz de cinco a sete *deadlift*, com *Kettlebell* na escala de reserva de repetição (ERR) de 8. Ou seja, faria umas oito ou nove repetições e nos minutos pares faz de cinco a sete repetições de supino, também com uma escala de reserva de repetição (ERR) de oito. Assim ele faz no máximo 45 segundos de descanso e no mínimo 40 segundos, trabalhando um pouco mais a resistência alática.

Percebemos a diferença da resistência alática e da potência alática, agora ficou bem claro. E isso muda muito de indivíduo para indivíduo. Deve ter uma noção de qual é a capacidade do seu aluno para produzir essa força e de manter produzindo dentro desse tempo. Em alguns alunos que estão na transição entre o intermediário e o avançado é comum demorar de 25 a 30 segundos para fazer duas ou três repetições dentro de um EMOM. A carga está muito alta, ele já não está mais recuperando, isso é contra producente.

O treino B do intermediário continua sendo um treino alático, mas agora sem o EMOM. Deixamos um descanso um pouco maior, de 70 segundos entre cada série. Com isso o aluno consegue respirar um pouco mais e trabalha melhor a fadiga, até psicologicamente, perceba a diferença.

E na última parte um treino lático, são três séries de 200 metros de remo, 25 abdominais completos e três minutos de descanso. Nesse estímulo um aluno intermediário demora mais ou menos um minuto nos 200 metros, ou até menos. E os abdominais, no máximo 35 segundos.

Ele terá estímulos abaixo de dois minutos, mas já acima de 70 segundos, já está produzindo bastante lactato e o corpo dele está trabalhando para remover com três minutos de descanso e poderia até dar um intervalo maior. Se for um aluno que acabou de entrar no intermediário pode dar um descanso de 5 minutos para garantir que tenha o estoque de glicogênio muscular hepático reposto.

O MODELO 2 É ALÁTICO MAIS OXIDATIVO

Esse modelo também é um padrão muito utilizado no *CrossFit®*, uma primeira parte de técnica e força e depois um *wod*.

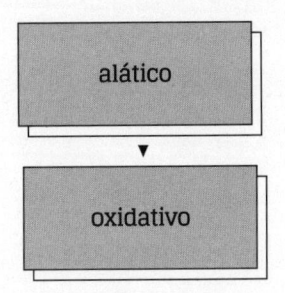

```
alático
   ▼
oxidativo
```

    Esse é o modelo que mais utilizo com alunos que estão tentando emagrecer, porque normalmente o indivíduo que está tentando emagrecer tem um problema que é a baixa massa muscular. Ele tem pouca muscular e um metabolismo baixo. Não adianta colocar ele só o sistema oxidativo, melhorar VO2, causar adaptações para melhorar a oxidação da gordura e dos corpos cetônicos, se não melhorar a taxa metabólica basal. Esse modelo não é o único, mas é um modelo que utilizo muito.

EXEMPLO	INTERMEDIÁRIO
MODELO 2	
	A:
AVANÇADO	10' EMOM
	A1-impar: 5 a 7 DL c/ KB (ERR 8)
A:	A2-par: 5 a 7 Supinos (ERR 8)
6x	
2 power snatch #75% a 80%	**B:**
90" descanso entre cada série	B1: 5 a 7 avanço no lugar (ERR 8)
	B2: 5 a 7 remada DB (ERR 8)
B:	60" entre cada série
4x 8' AMRAP	
10 power snatch #55%	**C:**
15 OHS	3x
20 cal bike	500m remo
5' a 7' rest	25 abdominais completos
repete	1' rest
PSE: 4/5	

Vamos ver o exemplo do modelo 2. No avançado mantivemos o *power snatch* sendo o estímulo alático, mas poderia ser um *front squat*, *back squat*, *deadlift* ou supino, qualquer estímulo alático. Na segunda parte, dois rounds de oito minutos AMRAP, ficando oito minutos trabalhando, 10 *power snatch*, 15 *over head squat* e 20 calorias na *bike*.

Utilizamos diversos mecanismos dentro desse treino para otimizar a resposta metabólica dele. Primeiro um *power snatch* com uma carga alta, depois um *power snatch* com uma carga mais baixa. O corpo já vai ficar mais adaptado, fica por oito minutos fazendo isso. Descanso de cinco a sete minutos e repetir. Nesse caso controlamos a percepção subjetiva de esforço (PSE) dele entre quatro e cinco, em uma zona baixa. Se o aluno está acostumado a usar frequencímetro trabalha na zona três (Z3) nesse treino.

É um treino de **potência aeróbica,** mas como vamos repetir duas vezes deixei um pouco mais baixo e não deixamos no limite da potência aeróbica. É um modelo simples que vai potencializar os efeitos tanto do primeiro treinamento alático, como no oxidativo.

No intermediário mantive aquele primeiro EMOM. O segundo treino B dos estímulos aláticos e depois um estímulo oxidativo, três séries de 500 metros de remo, 25 abdominais completos e agora com descanso de um minuto. Esse descanso de um minuto e o aumento do estímulo do remo faz com que o aluno trabalhe na via mais aeróbica.

Devemos lembrar que ele é intermediário, vai remar mais ou menos dois minutos e 20 segundos. Se for mulher, um pouco mais. Se tiver um histórico até consegue um pouco menos de dois minutos e 10 segundos ou dois minutos e cinco segundos. E 20 e cinco abdominais completos, ou seja, de dois minutos e meio a três minutos trabalhando. Pode dizer que está no alático, mas não está, porque ele é intermediário. Vai manter o ritmo dele um pouco mais baixo, com um minuto de descanso não é suficiente para que reponha todo o estoque de glicogênio. Se for muito forte estimulando o sistema lático na primeira série depois ele vai quebrar.

Ele vai fazer a primeira série em dois minutos e 10 segundos, totalmente lático. Descansa um minuto e não será suficiente. Na segunda série ele faz em dois minutos e 40 segundos. Na terceira série estará fazendo em quatro minutos, um típico exemplo de um treino que deu errado. Essa é a importância de se controlar o pace do seu aluno; O objetivo do treino é esse, faça em tal ritmo, uma (PSE) percepção subjetiva de esforço entre quatro e cinco. Esse um minuto é para garantir que consiga fazer o mesmo ritmo nas três séries.

Isso é importantíssimo
para estimular corretamente
o sistema oxidativo.

O total de tempo desse treino será de aproximadamente 10 minutos, um pouco menos, estimulando o sistema oxidativo. Agora que vimos o modelo 2 tudo faz mais sentido para não sofrer as interferências negativas do treinamento concorrente trabalhando mais capacidades físicas.

> **O MODELO 3 É OXIDATIVO MAIS ALÁTICO**
>
> Um modelo que não gosto muito, mas é um modelo muito utilizado, onde faz primeiro o oxidativo e depois o alático.

```
    alático
      ▼
   oxidativo
```

Muitos alunos chegam mais cedo e começam na esteira, no remo, ou chegam correndo ou de bicicleta para o treino. E o que acontece é que ficam 20, 30 minutos se exercitando e estimulando o sistema oxidativo e quando chegam fazem um treino de força, isso é supercomum. Pode escolher esse modelo, estimulando, principalmente se tem aluno que deseja emagrecer como objetivo principal. Foi por exemplo o modelo que utilizamos depois da pandemia com alunos que tinham experiência de treino e precisavam emagrecer. Pode estimular no sistema oxidativo e depois para o alático.

EXEMPLO MODELO 3	INTERMEDIÁRIO
	A: 30' corrida (Z2)
AVANÇADO	
A: 20' remo (PSE 4)	B: B1: 5 a 7 avanço no lugar (ERR 8) B2: 5 a 7 remada DB (ERR 8) 60" entre cada série
B: B1: split jerk fron rak 5 x 2 press #75%/75%/80%/82%/85%	C: C1: 3 a 5 DL c/ KB (ERR 8)
B2: 4 x 3 press #75% a 85%	C2: 3 a 5 supinos (ERR 8) C3: 7 V-sit up (<15") 60" entre cada série
B3: HSPU Strick Défict 8x3	

Vamos ver esse exemplo. No avançado começa com 20 minutos de remo, depois um levantamento de peso e finaliza com um treinamento de ginástica, *hand stand push up*, todos os estímulos B são aláticos. Não está ali, mas entre o "A" e o "B" sugiro que tenha no mínimo 10 minutos de descanso para garantir que tenha reposto o seu estoque de glicogênio muscular e hepático. São 20 minutos de remo em um (PSE) percepção subjetiva de esforço quatro, um ritmo tranquilo, conseguiria remar por 60 minutos nesse ritmo.

Segue para o levantamento de peso e finaliza com um treinamento de ginástica. É um treinamento comum, apropriado, não tem resultados negativos de estímulo de força, pode fazer isso. O acontece muito é o indivíduo exagerar na primeira parte do treino, não conseguir se recuperar e na segunda parte do treino fazer um treino fraco, isso pode acontecer. Ele saiu da parte do treino oxidativo foi para o lático no primeiro.

Se o aluno não tiver muita noção do seu próprio ritmo pode acontecer isso. Por isso que é importante testar, para que possa determinar o ritmo do seu aluno. É comum que exagerem. No treino "B" do avançado pode dar um descanso de 90 segundos, dois minutos. O "B1" por exemplo é um movimento complexo, no "B2" já pode ir de 60 a 90 segundos dependendo da experiência do seu aluno. Se quiser treinar força máxima, força pura, pode chegar a três minutos e nos movimentos de ginástica a mesma forma pode chegar aos 90 segundos.

Agora o nosso exemplo do intermediário, que é o mais comum, são as pessoas que mais treinamos. Começa com 30 minutos de esteira na zona dois (Z2), depois vai para o treinamento de força. Inclusive, *personal* que tem dificuldade de cobrar mais por hora aula pode propor treinos de 30 minutos sugerindo treinos como esse. Um treinamento de força, depois um treinamento oxidativo ou o contrário. Pode propor que ele chegue mais cedo e faça 30 minutos de esteira na Z2 e depois fazer o treinamento de força. Não será um problema, não ocorrerá interferências do treinamento concorrente nesse caso.

No treino "B" resistência alática sempre com 60 segundos entre cada série e segue para o treino "C". Neste colocamos três exercícios no treino "C" e no "C3" colocamos sete V-*situps*. Mas perceba que já está determinado que são no máximo 15 segundos, menor que isso, se o indivíduo não tem capacidade para fazer esse abdominal com mais potência pode tirar o número de repetições ou fazer um abdominal mais simples.

Faz o "C1" e descansa 60 segundos, faz o "C2" e descansa 60 segundos e assim segue. Simples, totalmente possível de ser feito e também não tem as interferências negativas do treinamento concorrente.

O MODELO 4 É OXIDATIVO MAIS LÁTICO

Esse sim é o modelo mais comum na musculação. Na verdade, o mais comum é lático mais oxidativo, mas veremos mais adiante. Esse aqui é supercomum nas academias e salas de musculação, a pessoa na esteira, na *bike* e no *spinning* e depois ela desce e faz um treino de musculação que normalmente é lático.

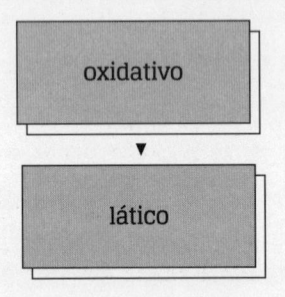

oxidativo

▼

lático

Não tem alático na musculação, nunca vi, temos no power lift, mas no *bodybuilding* não. O treino da musculação é um treino lático, o treino que irá desenvolver músculos, gerar hipertrofia sarcoplasmática, por isso esse é o modelo que mais se vê na musculação, e funciona, não é o que sugiro que faça mais, mas pode fazer como adaptação.

EXEMPLO MODELO 4	INTERMEDIÁRIO
	A: 5' corrida leve 3x 500m ritmo Z3 + 500m ritmo Z2
AVANÇADO	**B:** B1: 8 a 12 back squat (3010) (ERR 8) B2: 12 stiff uni (ERR 8) 60" entre cada série
A: 5x 1000m remo (PSE 4) 3' rest	
	C: 3x
B: 5 rounds de 1'30" 200m remo Máx boz jump over 3' rest	C1: 12 press DB (ERR 8) C2: 8 a 12 pull up (ERR 8,5) C3: 1' pranchão 3 apoios 60" depois de cada sequência

Vamos ver esse exemplo, o avançado começa com cinco séries de mil metros de remo com (PSE) percepção subjetiva de esforço quatro, um ritmo confortável que o aluno conseguiria ficar por uma hora, com três minutos de descanso.

Para encontrar o ritmo desse treino faço um teste de 20 minutos de remo, vejo o pace que ele ficou nesses 20 minutos e esse é o pace que fará em cada um desses mil metros, com descanso de três minutos será totalmente possível de se manter. Pode ter terminado o teste de 20 minutos exausto, mas no treino ele conseguirá trabalhar o VO2 dele sem problema nenhum, o tempo de descanso é suficiente. Feito esse treino segue para o treino lático logo em seguida. E nesse caso como será lático não precisa se preocupar em dar 10 minutos de descanso, não precisa de tanto tempo para garantir o estoque glicogênio. Serão cinco tiros de um minuto e 30 segundos, 200 metros de remo e o máximo de Box Jump Over. Isso vai fritar a coxa do aluno e é esse o nosso intuito. É um treino lático, permite que o corpo dele comece a se acostumar com essa sensação da perna ficando dura e queimando. E o corpo dele começa a trabalhar para melhorar a eficiência na remoção do lactato na coxa, nessa musculatura que é a principal a ser utilizada.

Para o aluno do modelo intermediário, 5 minutos de corrida leve, três séries de 500 metros no ritmo de zona três (Z3), mais 500 metros no ritmo da zona dois (Z2) e um intervalado forte e fraco.

Feito isso, agora um treino clássico de hipertrofia, oito a 12 *back squat*, (3010) colocamos um tempo ali, descer segurando em três segundos, zero lá embaixo, um para subir e zero lá em cima. Com uma escala de reserva de repetição (ERR) de oito, um treino muito bom para gerar a adaptação de hipertrofia, descansa 60 segundos e faz 12 *stiff* unilateral, alternando, e passa para o "C" novamente com estímulos de hipertrofia. É o que hoje em dia nos Estados Unidos chamam de *pumpsession*, é exatamente isso, fazer séries mais longas, as vezes segurando excêntrica e tudo mais.

Não é aconselhado que iniciantes façam esse modelo de treino porque o iniciante, depois de um estímulo oxidativo, tende a demorar para se recuperar.

Isso diminui muito a capacidade técnica dele se movimentar. Então fazer um lático onde o corpo terá que suportar a dificuldade na contração muscular e dificuldade mecânica pode gerar algum tipo de lesão.

O MODELO 5 É ALÁTICO, OXIDATIVO E LÁTICO

Trabalhamos as três vias metabólicas, não é o modelo mais eficiente. Se isolar uma via só trabalhará com mais eficiência, mas para desenvolvermos todas as vias podemos misturar, basta respeitar os Modelos, não tem erro.

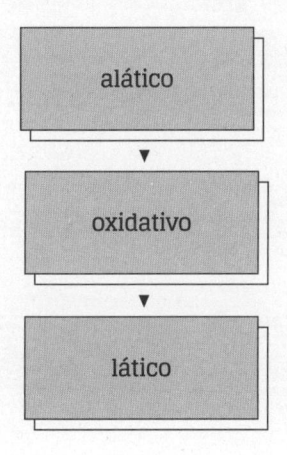

- alático
- ▼
- oxidativo
- ▼
- lático

Primeiro um alático depois um oxidativo e um lático. Vamos ver o exemplo desse modelo.

EXEMPLO
MODELO 5

AVANÇADO

A:
Back squat
4 x 3 75%/80%/85%/85%
3' rest

B:
3 rounds for quality
15 wallballs
400m run
1'30" rest entre rounds

C:
Goblet squat
3x DS (4x80%+8x60%+12x40%)

INTERMEDIÁRIO

A:
12' EMOM
A1- impar: 3 front squat (ERR 8)
A2-par: 3 a 5 supinos DB (ERR 8)

B:
16' EMOM
B1: 24 avanço reverso alt (ERR 8)
B2: 20 knees up
B3: 200m run
B4: rest

C:
10 a 12 pull up strict (ERR 9)
1'30" entre cada série

Primeiro o avançado, um treino de força de *back squat* e estou querendo desenvolver a força máxima dele, por isso três minutos de descanso entre cada estímulo dessas séries.

No treino "B" um metabólico com o objetivo de trabalhar o VO2 dele, 15 *Wallballs* e 400 metros de corrida. São três rounds e colocamos *For Quality*, quando coloco isso não determino a (PSE) percepção subjetiva de esforço porque já estou dizendo quero que faça com qualidade esse treino. Já mudo o ritmo, vou ensinando ele se controlar, não preciso mais falar do (PSE), o controle não vem de fora, está vindo dele, com um minuto e meio de descanso entre cada round.

Ele não irá acelerar, ele até conseguiria, mas esse *For Quality* já muda a mente dele para que faça com qualidade o movimento garantindo que todas as bolas cheguem na altura certa. Que agache bem também, que faça os 400 metros de corrida se concentrando na técnica de corrida. Como está a respiração, tudo isso com um descanso de um minuto e meio para garantir essa qualidade.

Trabalhamos o sistema oxidativo, esse treino demora aproximadamente 12 minutos e chegamos no "C". Aqui trabalhamos um pouco mais para gerar hipertrofia e resistência muscular localizada. São três séries de *goblet squat*, um exercício simples, mas será um *drop* de *set*, quatro repetições com 80% da carga, imediatamente oito repetições com 60% da carga e imediatamente 12 repetições com 40% da carga.

Isso pode ser feito até com um *front squat*, decidimos pelo *goblet squat* para mostrar que pode ser simples e mesmo assim ser lático. Esse é para ferver a perna do aluno, para quem quer coxa pode passar esse e verá o feedback positivo. A coxa explode, esse é o objetivo aqui, bem lático.

No intermediário, em todos os exemplos mostrados busquei o exemplo daquele aluno que não treina todos os dias. A maioria dos nossos alunos treinam de duas a três vezes por semana, por isso trago exemplos de treinos equilibrados e para o corpo inteiro.

Começamos com um EMOM, trabalhamos o sistema alático para produção de força, depois outro EMOM de 16 minutos, bem tranquilo, fazendo com que o nosso aluno trabalhe bastante tempo, quase um minuto inteiro. São mais ou menos 30 a 40 segundos cada exercício. N "B3" que são 200 metros de corrida provavelmente ultrapassará esse um minuto, mas aí vem o descanso para garantir. Aplico quatro séries dessa, 16 minutos, na verdade 15 porque o último é de descanso. Ele trabalha o sistema oxidativo e resistência muscular localizada.

E finalmente o sistema lático. São de 10 a 12 *Pull Up Strict* (ERR9) com escala de reserva de repetição nove. Se o seu aluno intermediário não consegue fazer isso, normalmente um homem intermediário já consegue fazer esse volume, talvez no caso de uma mulher não consiga ou quem acabou de entrar no intermediário. Mas estou colocando um volume alto, pode colocar algum modelo de resistência, por exemplo, um *Bend*, mas que seja *Strict*. A escala de reserva de repetição em nove garante que ele não faça mais, se for um intermediário que já está a mais tempo, já entrando no avançado, pode até colocar um peso para garantir que faça só 12, descansando um minuto e meio entre cada série.

Essa parte final desse treino intermediário é bem difícil. Se fosse musculação poderia colocar um *pull down*, e nesse caso pode até diminuir a carga para garantir que faça essas repetições. Assim trabalhamos as três vias energéticas sem que uma atrapalhe a outra e garantindo o resultado.

Reforçando que não é o mais eficiente, mas para um indivíduo que treina de duas a três vezes por semana é a melhor forma de trabalhar tudo!

O MODELO 6 É OXIDATIVO, ALÁTICO E LÁTICO

Começamos pelo oxidativo e vamos para o alático e finalizamos no lático.

```
┌─────────────┐
│  oxidativo  │
└─────────────┘
      ▼
┌─────────────┐
│   alático   │
└─────────────┘
      ▼
┌─────────────┐
│   lático    │
└─────────────┘
```

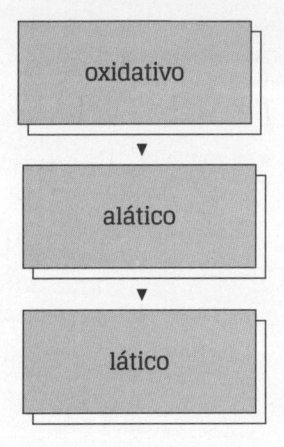

Pode usar esse modelo para o seu aluno que treina de duas a três vezes por semana. Aquela sua aluna que deseja emagrecer e só treina duas vezes por semana, fala para ela ir mais cedo e ficar meia hora na esteira e quando você chegar vai para o alático e depois para o lático. É um modelo totalmente possível e que não tem as interferências negativas do treinamento concorrente.

EXEMPLO
MODELO 6

AVANÇADO

A:
15' air bike

B:
B1: back squat
B2: supino
4 x 3 75%/80%/85%/85%
3' rest

C:
4x tiros na air bike 60"
Pace 4rpm+ pace do teste
3' a 5' rest

INTERMEDIÁRIO

A:
16' for quality
24 avanço reverso alt (ERR 8)
20 knees up
200m run
1'30" rest

B:
12' EMOM
B1-impar: 3 front squat (ERR 8)
B2-par: 3 a 5 supinos DB (ERR 8)

C:
10 a 12 pull up strict (ERR 9)
1'30" entre cada série

Vamos ver os exemplos, começa com uma atividade aeróbica, depois um treinamento de força alático e termina com um lático. Quando isso é mais viável? Com os alunos que treinam pouco!

Se o seu aluno treina duas vezes por semana e deseja extrair mais dele, diga para que ele chegar antes, fazer o condicionamento aeróbico, primeiro o oxidativo. Depois chega para treinar com você para fazer a parte de força e a lática no final do treino. É uma possibilidade para alunos que precisam de mais estímulos.

Veja que no exemplo do avançado o treino "A" são 15 minutos de *air bike*, poderiam ser 20, 30 minutos. Passa então para o treinamento alático, colocamos um estímulo de força de *back squat* e de supino no intuito de treinar força máxima. São três repetições no limite, mas com um descanso bem longo e no final tiros na *air bike*, esse já com estímulos de potência lática. São quatro tiros de 60 segundos de *air bike*, nesse caso programei para que faça quatro RPM a mais do que o teste dele de três minutos de *air bike*.

Cheguamos nesse treino colocando o aluno para fazer um teste máximo de calorias em três minutos, anota o RPM médio, algumas como a *salt bike* já têm esse recurso, é bem fácil. Foi assim que programamos, baseado naquele teste, chegamos a quatro RPM a mais do que fez no teste. É um treino bem lático, mas lá no começo já fez a parte aeróbica e depois a força. É o que menos utilizo, mas é uma possibilidade. E no intermediário comecei com um treino como se fosse um *wod*, mas com foco em qualidade de movimento. Colocamos avanço reverso, abdominal, corrida com um minuto e meio de descanso para garantir que mantenha o ritmo com qualidade, esse é o intuito quando coloco For Quality. O objetivo é que o aluno se movimente com qualidade.

Na segunda parte um EMOM, são seis séries de cada exercício, três *front squat* e de três a cinco supinos. Percebam que não foi estipulado nenhum percentual de carga, usamos uma escala de reserva de repetição (ERR) de oito, para garantir que faça essas três repetições em menos de 15 segundos. Nesse aqui ele tem o restante do tempo do minuto para descansar. Então o ideal é que consiga fazer as repetições por volta de 10 segundos e não perto dos 20 segundos. Se colocar a porcentagem de carga para o aluno intermediário nem sempre ele terá a capacidade de fazer o movimento mais rápido. Esse é o motivo de se colocar a escala de reserva de repetição.

E no treino "C", na última parte do treino, aquele *PullUp* que já usamos anteriormente, um treino mais lático, para trabalharmos a hipertrofia.

Percebam que é possível modificar o treino de diversas maneiras por meio desses modelos. Trabalhando todas as capacidades físicas e evitando os efeitos negativos do treinamento concorrente, são seis modelos. Esses modelos são uma garantia de que não causará a interferência negativa do treinamento concorrente e sim uma interferência positiva, potencializando o estímulo dado.

Quando for montar seus treinos usando esses modelos conseguirá simplificar a sua programação, não precisa mais ficar pensando a todo momento o que vem antes e o que vem depois, será que irá interferir, esses modelos resumem tudo isso.

MODELOS DE COMBINAÇÕES?

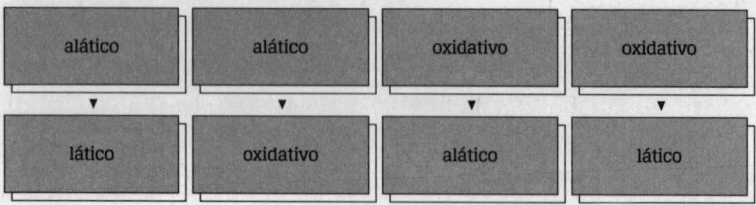

alático	alático	oxidativo	oxidativo
▼	▼	▼	▼
lático	oxidativo	alático	lático

Podemos ver nessa imagem todas as combinações possíveis, compilamos o resultado, temos os seis modelos possíveis de verificação para serem usados na hora de programar. Pode pegar os sete dias da semana, esse será inclusive um dos nossos assuntos no próximo capítulo. Colocarei o treino em prática, ensinando como colocar isso dentro do *template* que vem sendo utilizado com muito sucesso.

CROSS TRAINING

Você vai ter a liberdade de usar qualquer *template*, respeitando essas regras dos modelos fica muito simples.

Observem todas as possibilidades e encaixe dentro do seu programa. Caso no dia o foco principal seja o desenvolvimento da força máxima, já sabe que é alático, se é o foco principal colocará no começo do treino. Outro dia, se você quiser gerar um estímulo de hipertrofia no seu aluno, já sabe que deve colocar o lático no final. Se estiver em uma semana que deseja trabalhar um volume mais alto pode escolher um dos modelos que tem os três sistemas, com o lático no final.

Pode estar em uma fase de hipertrofia, trabalhou por seis semanas a hipertrofia, pode colocar só o alático e o lático. Quando coloco meus alunos para trabalharem hipertrofia coloco sempre o alático e depois lático. Pode trabalhar isso dentro dos *wods*, pode colocar dois láticos seguidos, pode colocar um alático e depois dois láticos. A segunda e a terceira parte dos treinos poder ser láticos para trabalhar mais o elemento da hipertrofia.

Dessa forma você garante que não terá interferência negativa, não precisa pensar sobre isso todos os dias, já tem o modelo. Vai aplicar esse modelo em cima do *template* e escolher de acordo com o estímulo que está na sua periodização. O que facilita muito na hora de programar.

No próximo capítulo vamos fechar muito bem esse assunto. Isso é o que simplifica o seu treino e garante resultado. Seus estímulos serão muito mais acentuados com o uso dos modelos impulsionando os resultados.

Anote, importante ter esses modelos na sua mão na hora de programar. Vai precisar olhar para eles, mas não se preocupe porque depois fica automático, principalmente quando decorar o que não fazer.

O QUE NÃO PODEMOS FAZER?

- Treino lático e depois qualquer outro
- Lático e depois o oxidativo
- Lático, oxidativo e alático

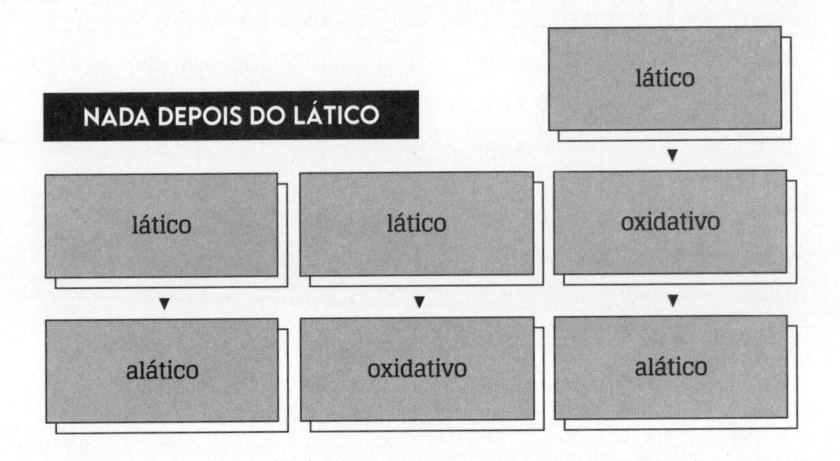

NADA DEPOIS DO LÁTICO

lático	lático	lático
▼	▼	▼
alático	oxidativo	oxidativo
		▼
		alático

O que nunca podemos fazer é colocar os láticos nos primeiros movimentos, **depois do lático só podemos colocar outro lático**. Se começar com lático saiba que será um dia só dele, porque essas adaptações que são estimuladas no corpo atrapalham todos os estímulos seguintes.

Essa é a maior causa de interferência negativa do treinamento concorrente, ou seja, colocar um treino lático e depois qualquer outro, tenha essa regra! Não pode colocar um lático e depois um alático, não é aconselhável porque vai diminuir o resultado do treino alático. Se quiser trabalhar força e começar com um treino lático, esquece, faça a força em outro dia. Pode trabalhar a resistência de força que gera a hipertrofia que é um treino lático, isso pode, mas trabalhar carga máxima e potência depois de um treino lático não. Podemos ver esse modelo nas competições, mas em competição o atleta está sendo testado, não está treinando.

Outro modelo muito utilizado que também é contraproducente é o lático e depois o oxidativo. Muitas pessoas fazem isso e não é aconselhável porque diminui o resultado, aumenta muito o índice de lesão no treino oxidativo que vem depois do lático e não trabalha o VO2 com qualidade. Não tem mais glicogênio hepático muscular porque gastou no treino lático.

Lembrem que os três sistemas funcionam em conjunto, a base de tudo é o sistema oxidativo, mas se diminuir drasticamente o glicogênio hepático e o glicogênio muscular, o sistema oxidativo não consegue trabalhar de maneira eficiente na ressíntese desse glicogênio muscular. Com isso o treino oxidativo fica ineficiente.

A mesma coisa no terceiro modelo do que não fazer. **Lático, oxidativo e alático, não pode!** Se pensar nisso aceite que não pode, decorando o que não fazer a chance de acertar já é enorme. Considerar tudo isso vai facilitar a montagem dos treinos. Você vai saber que esses treinos irão gerar resultados, a chave do resultado está na combinação desses elementos dia após dia.

Vamos ver no próximo capítulo uma programação semanal utilizando esses modelos e como podemos variar os estímulos evitando a monotonia, fazendo com que o corpo consiga descansar entre um dia e outro e otimizar o resultado.

ROSSCROS
AININGTRAININ
ROSSCROS
AININGTRAININ
ROSSCROS
AININGTRAININ
ROSSCROS
AININGTRAININ
ROSSCROS
AININGTRAININ
ROSSCROS
AININGTRAININ

EXEMPLOS DE PROGRAMAÇÃO

Já com as regras em mente, seguimos para exemplos de programação. Decidimos passar de maneira rápida e breve pela parte mais teórica da grande área da periodização, para juntos construirmos uma linha de raciocínio que possibilite a aplicação prática do sistema.

1. INICIANTE

SESSÃO DE TREINO	SEG	TER	QUA	QUI	SEX
Aquecimento	x		x		x
Mobilidade	x		x		x
Potência Agilidade Técnica	Técnica		Agilidade		Potência
Força	Puxar + Empurrar		Puxar + Empurrar		Puxar + Empurrar
Complexos	Complexos				
Metabólicos	Circuito		Circuito Intervalado		HIIT Extensivo
Preventivo de lesão	x		x		x
Core Training	x		x		x
Recovery					

Esse é um exemplo para iniciante, que treina três vezes por semana, aquecimento todos os dias, mobilidade todos os dias, não sabe se movimentar está todo encurtado. Trabalho de técnica na segunda-feira, sempre ensinar um movimento novo ou melhorar um movimento que ele saiba. Na quarta-feira faz um trabalho de agilidade e na sexta-feira potência.

Para força, utilize padrões de movimento, puxar e empurrar, corpo inteiro, qualquer estímulo, dependendo do nível. Se for muito iniciante menos de sete repetições, se não for tão iniciante 10 repetições, sempre trabalhando com estímulos.

Metabólicos, um modelo de circuito na segunda-feira, na quarta-feira um circuito intervalado, fazer um puxa empurra e remo, três minutos e descansa dois. Uma puxada na argola e um avanço alternando a perna, uma série de 10 repetições cada e vai para o remo, até completar os três minutos, descansa dois minutos, repita três vezes.

Na sexta-feira um *HIIT* extensivo, tem que ser mais de um minuto e meio, trabalhe com o descanso de acordo com o nível e com o que deseja estimular. Prevenção de lesão todos os dias porque são iniciantes, *Core Training* todo dia, capacidade de contração do abdômen, glúteos e escápula com segurança, estimule todos os dias. Aconselho que treine *Core* todos os dias nos iniciantes e para os alunos intermediários não precisa de cor todo dia, toda vez que fizer um *deadlift* ou *clean* estará treinando o *Core*.

2. MODELO DE AULAS COLETIVAS NORMAL

SESSÃO DE TREINO	SEG	TER	QUA	QUI	SEX
Aquecimento	x	x	x	x	x
Mobilidade	x		x		
Potência Agilidade Técnica	Agilidade	Potência	Técnica	Potência	Agilidade
Força	MMII	MMS		MMII	MMSS
Complexos				KB Training	
Metabólicos	HIIT	HIRT	LSD	Circuito	HIIT
Preventivo de lesão	x				x
Core Training		x		x	
Recovery			x		

Outro modelo de um box normal, cinco treinos por semana. Segunda-feira um trabalho de agilidade, terça-feira de potência, quarta-feira trabalha uma técnica, quinta-feira potência e sexta-feira agilidade. Na força, são membros inferiores na segunda-feira, membros superiores na terça-feira, quarta-feira não tem treino de força. Quinta-feira membros inferiores e sexta-feira membros superiores, na sexta-feira um *Kettlebell Training*, um complexo, bem estilo arte da força.

Metabólico, na segunda-feira um *HIIT (high intensityinterval training)*, na terça-feira um *HIRT (high intensityresistance training)*, na quarta-feira um LSD *(longslowdistance)*, uma hora e meia de *bike* pedalando, por exemplo, remo de 10 quilômetros, natação por uma hora, batimento cardíaco na z2, um pace mais alto, bem tranquilo. Prevenção de lesão na segunda-feira e na sexta-feira, *Core Training* na terça-feira e quinta-feira e um trabalho de recuperação na quarta-feira.

A ênfase desse trabalho é força e o foco de manutenção é a resistência anaeróbica. São três estímulos de alta intensidade, lactato lá no alto, um recuperativo lento, e no circuito, normalmente, é mais VO^2 do que lático. É um bom treino de *CrossFit*®. Na segunda-feira um *back squat*, no outro um *deadlift* e na outra semana um *front squat* e um *sumo deadlift* e na seguinte um *box squat* e *overhead squat*.

3. INTERMEDIÁRIO

SESSÃO DE TREINO	SEG	TER	QUA	QUI	SEX
Aquecimento	X		X		X
Mobilidade	X		X		X
Potência Agilidade Técnica	Agilidade		Técnica		Potência
Força	Puxar inferior + empurrar superior		Empurrar inferior + puxar superior		Puxar inferior + empurrar superior
Complexos					
Metabólicos	HIIT				HIRT
Preventivo de lesão	X				X
Core Training	X		X		X
Recovery			X		

Mais um modelo intermediário de treino três vezes por semana. Um clássico de aluno de *personal*. Terça-feira e quinta-feira sem atividade, começa com agilidade, técnica, potência, puxar inferior e empurrar superior. Depois empurrar inferior e puxar superior, seguido de puxar inferior e empurrar superior. Na semana seguinte começa empurrando inferior e puxando superior, deve casar o treino, é um microciclo estendido porque leva mais de uma semana.

Um hit, aluno de *personal* deve ter esse descanso, não precisa matar o aluno todo dia. Dê ênfase maior na técnica, ensine movimentos novos. Dedique uns 20, 30 minutos na parte técnica, *Core Training* todos os dias.

4. ASSESSORIA DE CORRIDA

SESSÃO DE TREINO	SEG	TER	QUA	QUI	SEX
Aquecimento	x		x		x
Mobilidade	x		x		
Potência Agilidade Técnica	Agilidade		Técnica		
Força					
Complexos					
Metabólicos	Tiros		Forte / Fraco		Longão
Preventivo de lesão	x				x
Core Training	x		x		
Recovery			x		x

Coloque o aluno para correr todos os dias, faça atividades diferentes, trabalhe a agilidade, a parte técnica explore as possibilidades.

Colocamos toda segunda-feira tiro, na quarta-feira forte e fraco, sexta-feira aplique um longão. Pode fazer um treino de ritmo aos domingos, preventivo de lesão. Poucas assessorias de corrida fazem preventivo, mas é importante fazer, invista nisso.

Trabalhe o *Core Training* do seu aluno. Se não tiver um *Core* forte não corre com agilidade. Utilize os princípios do *Core Training* para trabalhar com alunos de corrida.

> **Um dos maiores erros que vejo na área é o *personal* que só domina um método de treino e todos os dias estimula a mesma coisa.**

A assessoria de praia, de praça, todo dia o mesmo circuito, escadinha, cordinha e um movimento com *Kettlebell*.

Comece a estudar, compre elásticos, correntes, comece a estimular, em vez de circuito vamos fazer o movimento com elástico. Estimule força com o elástico é acessível investir. Faça treino de força em casa, pode fazer um *overhead squat*. Evolua, saia da caixa, não podemos sempre trabalhar a mesma coisa, temos capacidade para estimular os alunos de diversas maneiras. Por que no dia de tiro ele não pode fazer um treino de força com elásticos ou correntes?

Compre corrente, coloque os alunos para tirarem corrente do chão, ponha no pescoço e faça um avanço lateral, um *cossack*.

5. EMAGRECIMENTO

SESSÃO DE TREINO	SEG	TER	QUA	QUI	SEX
Aquecimento	x		x		x
Mobilidade	x		x		x
Potência Agilidade Técnica	Técnica		Agilidade		Potência
Força	Jb+PHb+EVu		Qb+PVb+EHu		Qu+EHb+PVu
Complexos					
Metabólicos	HIIT		HIIT	Longão	HIIT
Preventivo de lesão	x				x
Core Training	x		x		
Recovery			x		x

Modelo de emagrecimento de três vezes por semana. Trabalhe técnica, joelho bi, empurrar horizontal bi e empurrar vertical uni. Para emagrecimento mantenha em movimento, enquanto um grupo muscular descansa trabalhe outro, no joelho bi os braços estão descansando, puxar na horizontal bi, empurrar na vertical uni. Quando terminar esse estará pronta para agachar novamente, mantenha o movimento, se fizer joelho bi, joelho uni, vai precisar parar para descansar.

Segunda-feira um hit preventivo de lesão e *Core Training*, na terça-feira um longão, nem que seja só uma caminhada. Às vezes, no começo é só caminhada, quando perceber que evoluiu comece os treinos de corrida. Irá se manter em movimento.

Lembre-se do segredo para o emagrecimento, melhorar o VO² e ganhar músculo.

Para não ser injusto, temos quem queira perder dois quilos, são os mais comuns, os que precisam perder de dois a oito quilos e outro grupo que precisa perder até 12 quilos e os obesos. Se tiver disfunção hormonal, síndrome metabólica, se não for patológico, simples, feche a boca, ganhe músculo e melhore o VO^2.

Na quarta-feira, trabalhos de agilidade, quadril, puxada na vertical e o contraponto, empurrar na horizontal, deve equilibrar, outro hit, alta intensidade para gerar epoc, que é um excesso de consumo de oxigênio pós-exercício. Cada atividade tem um determinado consumo de oxigênio que demanda gastos energéticos, glicogênio muscular, TPCP, glicogênio hepático e gorduras, sistema oxidativo.

Após 20 minutos de exercício passados o corpo entra na homeostase, acabou o consumo de oxigênio, o treino de alta intensidade causa o efeito epoc.

O corpo fica consumindo oxigênio em excesso além do momento do treino. Existem estudos que comprovam que o excesso de consumo de oxigênio dura até 36 horas.

Antes do *CrossFit®*, após um treino era sugerido ficar 20 minutos na esteira para emagrecer, o *CrossFit®* chegou e colocou todo mundo para fazer treinos de alta intensidade.

Na sexta-feira quadril, empurrar na horizontal bi e puxar na vertical uni. Faltou joelho uni? Coloca na segunda-feira. Faltou puxar na horizontal uni? Também na segunda-feira e empurrar na vertical bi também. Na linguagem da musculação seria um treino A, B e C, mas é um microciclo estendido também. Completamos o treino com o primeiro treino da semana que vem. Se tiver aluno para emagrecimento pode montar o treino hoje e aplicar amanhã.

Não esqueça de completar os padrões desse controle, disponíveis no capítulo Ciclos de Treino.

Se o aluno entrar na dieta é possível calcular o gasto calórico por treino, não gosto disso, no primeiro momento. Prefiro usar quando a pessoa já emagreceu, para manter.

Por experiência, emagreça primeiro e em alguns casos precisamos informar a nutricionista de quantas calorias foi o treino. No dia de treino pode ser uma dieta mais tranquila para ter energia para treinar.

Para obesos é importante a parceria com nutricionistas e com endocrinologistas. É necessário regular os hormônios primeiro, mas os demais casos são relativamente tranquilos.

6. MODELO *CROSSFIT* ®

SESSÃO DE TREINO	SEG	TER	QUA	QUI	SEX
Aquecimento	x	x	x	x	x
Mobilidade					
Potência Agilidade Técnica	Squat snatch		Ginástica		Squat clean
Força					
Complexos		Power clean		Power snatch	
Metabólicos	Short (<7')	AMRAP 15'	Wod em trio (20')	3x AMRAP 3'/ 2' REST	Short (<7')
Preventivo de lesão		x		x	
Core Training	x		x		x
Recovery					

Treino de cinco vezes por semana, clássico modelo utilizado no *CrossFit*®. Segunda-feira um trabalho de potência no *squat snatch*, pode trabalhar técnica com os alunos iniciantes e com os intermediários trabalhe desenvolvimento de potência.

Para aumentar a carga dos avançados faça um estímulo que chamamos de *short*, um *HIRT (high intensity resistance training)* com menos de sete minutos, um sprint e trabalhe *Core* para finalizar o treino, de preferência *Core* da cintura escapular.

Na terça-feira *power clean*, um complexo para trabalhar velocidade. Trabalhe a capacidade do aluno de encaixar os movimentos sequenciais, que são importantes no *CrossFit*®, e um amrap de 15 minutos, sempre trabalhando a prevenção de lesão.

Na quarta-feira trabalhe ginástica, pode ser algum movimento ginástico que já domine, se quiser evoluir cinco séries de três minutos. Em cada uma das séries com o máximo de *ringmuscleup* e *unbroken* para trabalharmos bem a capacidade de suportar a fadiga. Ou, por exemplo, um emom de *ringmuscleup*, mas não pode flexionar o cotovelo, tem que fazer aquela entrada longa, trabalho com qualidade, três por minuto durante oito minutos. Ou trabalhe técnica para quem está começando e vai evoluindo aos poucos. Saiba fazer a false grip, puxar, transição da cabeça, um *wod* em trio de 20 minutos, o clássico do CrossFit®, competição em trio, um *Core Training*.

Na quinta-feira um treino complexo de *power snatch*. Esse é o dia para não abrir quadril, já foi feito, três séries de três minutos amrap, com dois minutos de descanso, um Sprint e dois descansos. Não vai zerar e estará pronto novamente para alta intensidade.

Na sexta-feira um squat *clean* e volta a fazer um sprint.

Na segunda-feira volta com ginástica nesse modelo, e assim por diante. O aluno que treina segunda-feira, quarta-feira e sexta-feira em três semanas treinou tudo. E é um modelo bem de sala de CrossFit®, são muitas as possibilidades.

ROSSCROS
AININGTRAININ
ROSSCROS
AININGTRAININ
ROSSCROS
AININGTRAININ
ROSSCROS
AININGTRAININ
ROSSCROS
AININGTRAININ
ROSSCROS
AININGTRAININ

TEMPLATE E EXEMPLO DE PROGRAMAÇÃO PASSO A PASSO

Neste capítulo vamos unificar tudo que vimos até agora em um *template* superfácil, bem simples de utilizar para que possa montar os treinos dos seus alunos.

A primeira coisa que precisamos ter em mente é como a estrutura é montada. Primeiro faça um planejamento anual, semestral, mensal, uma macroestrutura, o macrociclo, existem várias maneiras de sintetizar o pensamento, mas é algo parecido com isso.

Essa aqui é a parte que vem depois desse planejamento. Começamos a periodizar e dividir no tempo, essa é uma estrutura mais simples para exemplificar.

Essa imagem abaixo traz um design gráfico do volume e intensidade, junte a imagem anterior a esse gráfico e vai fechando para um mesociclo.

1. Ciclos							Anual				
2. Períodos	Preparatório						Competitivo				Transitório
3. Etapas	Preparação geral			Preparação especial			Competências secundárias		Competências principais		Regenerativa
4. Mesociclos	1	2	3	4	5	6	7	8	9	10	11	12
5. Indicação das competições											
6. Dias de competição											
7. Indicação dos dias de treinamento											
8. Número de treinamentos a cada mês											
9. Número de horas a cada mês											
10. Volume											
11. Intensidade											
12. Horas de preparação física geral											
13. Horas de preparação física especial											
14. Testes de controle											

Essa é uma imagem que peguei do livro do Antônio Carlos Gomes, *Treinamento Desportivo – Estruturação e Periodização*, para exemplificar o que tem no mesociclo dele. Quando faz o macrociclo sugere que tenha algo parecido com isso, com as informações importantes, isso faz parte do planejamento. Organize todas as informações que deseja ter em uma tabela, para na hora que for colocar em prática a sua programação, que é a montagem do treino no microciclo, consiga visualizar tudo que importa.

Do macro para o micro. Esse não é um livro específico de periodização e sim de *Cross Training*, mas é importante ressaltar que tudo será mais tranquilo se você souber todo o conceito anterior ao microciclo quando for montá-lo.

Temos uma organização do microciclo, esse é aquele *template* mais tradicional da musculação, simples, normalmente aprendeu programação, montagem de treino, ou algo parecido, principalmente se fez estágio em musculação, a maioria faz. A ficha é parecida com essa, é uma programação semanal do aluno.

	Dora Casalechi		
	Série A		
	Exercícios	Série	Repet.
Aquec.	Esteira ou Salto na Corda	1	5'
	Alongamento Geral	1 cd mm	15"
Desenvolvimento	Agachamento Livre		
	Supino Inclinado		
	Remada Curvada Pegada Pronada c/ Halteres		
	Corrida na Esteira	1	1 km*
	Extensão de Quadril Unilateral na FitBall		
	Desenvolvimento c/ Barra (frente)		
	Puxador Unilateral		
	Corrida na Esteira	1	1 km*
	Rotação no Cabo Horizontal	3	15
	Prancha Decúbito Ventral (4 Apoios)	4	1'
TF	Transport ou Escada	1	20'
	Alongamento Geral	1 cd mm	15"

Série B

	Exercícios	Série	Repet.
Aquec.	Esteira ou Salto na Corda	1	5'
	Alongamento Geral	1 cd mm	15"
Desenvolvimento	Stepup		
	Crucifixo Reto		
	Barra Fixa na Horizontal		
	Corrida na Esteira	1	1 km*
	Terra	4	10
	Elevação Lateral		
	Puxador Triângulo		
	Corrida na Esteira	1	1 km*
	Abdominal Borboleta	3	20
	Prancha Lateral (cotovelo no solo)	4	1'
TF	Transport ou Escada	1	20'
	Alongamento Geral	1 cd mm	15"

Série C

	Exercícios	Série	Repet.
Aquec.	Esteira ou Salto na Corda	1	5'
	Alongamento Geral	1 cd mm	15"
Desenvolvimento	Agachamento Frontal		
	Tríceps no Banco		
	Remada Unilateral no Cabo		
	Corrida na Esteira	1	1 km*
	Terra Unilateral	4	10
	Desenvolvimento Barra		
	Remada Alta no Cabo		
	Corrida na Esteira	1	1 km*
	Abdominal Canivete	3	15
	Prancha Decúbito Ventral (4 Apoios)	4	1'
TF	Transport ou Escada	1	20'
	Alongamento Geral	1 cd mm	15"

	Série D		
	Exercícios	Série	Repet.
Aquec.	Esteira ou Salto na Corda	1	5'
	Alongamento Geral	1 cd mm	15"
Desenvolvimento	Avanço c/ Halteres		
	Supino Reto Alternado c/ Halter		
	Crucifixo Inverso no Cabo		
	Corrida na Esteira	1	1 km*
	Extensão do Quadril c/ Apoio no Banco c/ Peso		
	Push Press c/ Halteres		
	Puxador Frente Pegada Supinada		
	Corrida na Esteira	1	1 km*
	Abdominal Elevação de MMII	3	15
	Prancha Lateral (cotovelo no solo)	4	1'
TF	Transport ou Escada	1	20'
	Alongamento Geral	1 cd mm	15"

* Tente fazer 1 km no menor tempo possível

Descanso entre os exercícios: 1'

Bi-set: realizar na sequência o exercício 1 + exercício 2, tente fazer sem descansar, pare e respire quando necessário e volte a fazer.

TF(Trabalho Final): Volta à calma e trabalho aeróbico

Instruções		
Desenvolvimento: seguir esquema abaixo de séries e repetições		
Semana	Série	Repet.
Sem 1	3	18
Sem 2	3	20
Sem 3	3	10
Sem 4	4	8

Esse modelo é uma referência do livro do Antônio Carlos Gomes, simplesmente descreve o que é para ser feito em duas sessões de treinos, manhã e tarde.

Data	Dia	Período	Conteúdo do treinamento
05/01/2009	Segunda-feira	Manhã	Aquecimento: 20 min. com alongamento de baixa intensidade.
			Corrida de 10km variando ritmo, com frequência cardíaca entre 140-180 bpm.
			Terminar com alongamento de baixa intensidade.
		Tarde	Aquecimento: 20 min. com exercícios de coordenação específicos para corrida.
			Realizar 5 x 2.000m para 8 min. com pausa de 1.30-2.00 minutos (pausa de forma ativa).
			Terminar com alongamento de baixa intensidade, durante 15 minutos.

Esse é outro modelo que ele propõe, agora semanal e para os períodos da manhã e tarde e uma simples descrição.

Data	05	06	07	08	09	10	11
Dia	Segunda	Terça	Quarta	Quinta	Sexta	Sábado	Domingo
	Conteúdo						
Período da manhã							
Período da tarde			15 minutos de aquecimento geral com trote e alongamento Realizar 20 x 400 metros para 68-70 minutos com pausas de 45-60 minutos Finalizar com trote leve de 20 minutos				

> Uma dúvida que eu tive quando comecei a montar muitos treinos foi como ter um local simples e intuitivo para montar os treinos de maneira mais simples. Comecei pelos treinos que recebia quando era atleta, que era algo muito parecido com isso.

Exercise Order	Workout Protocol	Tempo	Sets	Reps	Rest	Set #1	Set #2	Set #3
A1	Barbell Split Squat	2-1-1	3	6x Per Side	xxx			
A2	Barbell Landmine Split Jerk	2-1-0	3	4x Per Side	xxx			
A3	Barbell Single Leg RDL	2-1-1	3	6x Per Side	xxx			
A4	Barbell Single Leg Contra-Lateral Row	2-1-0	3	5x Per Side	2 minutes			

O modelo a seguir, é de um atleta de *CrossFit®*, e isso me deu uma luz, tem que ser mais simples, tem que ter um design simples, o mais importante não é o design simples e sim o controle que se tem das informações, então cheguei no modelo que uso atualmente.

HENRIQUE DANTAS PINTO

	DAY 1	DAY 2	DAY 3	DAY 4	DAY 5	DAY 6	DAY 7
AM	A) Split Jerk: Emom 20 min - min 1-10 - 2resp - 70-80% - 2 sec pause in dip min 11-20 - 1 rep - 80-90% B) Push Press: 10 reps x 5 sets; rest 2-3 min C1) Strict Chest to Ring Pullups: 2x2,2x3; rest 30 sec C2) Weighted Ring Dip: 30x0, 2,2,2 x 3; rest 90 sec D) FT: VC 500' 7 RC - 15' 125# big stone x 12 reps 5 RC - 15' VC 500'	A) Swim workout: Swim 15 min EASY + Swim 100m 80% rest 1:1 x 6 + Swim 50m 85% rest 1:1 x 6 + Swim 25m 90% rest 1:1 x 6 + Play 15-20 min - EASY cool down	Bike at a high effort in terrain 60 min	A) AB 45-60 min - OPEX	A) Snatch: 4 reps - every 3 min x 3 sets - 155, 165, 175# B) Clean and Jerk: 4 reps - every 3 x 3 sets - 155, 185, 205# C) Front Squat: 20 x 0:10 reps x 5 sets rest as needed - ALL SETS 185#+ - HEAVY working sets D) FT: 9-7-5 PC&J - 135#- ALL singles 12-9-6 Ring MU 30-20-10 Row cals - Damper on 10	A) FT: Medball FR lingers x 20 - 80# 100m medball FR carry - 80# 15 S2OH - 185# 100m medball FR carry - 80# Medball FR lingers x 20 - 80# rest exactly 10 min before moving to B B) ft in weight vest: 21-15-9 DB S2OH - 45/55/65% CTB pull ups 35-30-25 27-21-15 AB cals	A) Emom 42 min - min 1 - Row 10 cals min 2 - AB 10 cals min 3 - run 200m min 4 - step up x 12 - 20" min 5 - FLR x 30 sec min 6 - VC 75' min 7 - L sit x 15-20 sec
NOON				A) RTW 45-60 min - Blood flow, HR sustained below 125BPM RTW: 1 min AB 1 min step ups 1 min single under weighted 1 min row 1 min FLR 1 min Glute work 1 min Ski	A) 5 rounds: 30m FW - 20# 20 WB - 20# 30m HS walk VC 1000' EASY 45 weighted DU - Sustained pace per set, KEEP grinding	30 sec on/30 sec off burpee x 6 + VC 1000' EASY + 30 sec on/30 sec off burpee x 6	A) Deadlift: SPEED based - 2 reps - EMOM 12 min - banded - 65% B) 5 sets: 20m HEAVY sled drag - 270# 2 LURC - 15' 8 bjsd - 30" rest walk 1:1 C) Cool down EASY bike + Acessory work choice - 20 min
PM	A) FT: 15-12-9 Ring HSPU 21-15-9 KB DL - 106#/h rest 8 min 5 rounds sustained effort: Weight vest run 400m 12 burpee bj 24" in weight vest rest 8 min FT: 40-30-20 15-12-9 HPC - 155#		Paddleboard, new skills in water, play 30-45 min	A) Swim 45-60 min - Sustained pace, work on strokes, kick, breathing, etc.	A) Aer intervals: Run 800m 75-80% Aer rest walk 1:1 x 6 + Row 1k 75-80% Aer rest walk 1:1 x 6	Mountain bike 45-60 min - Trail ride	Watt bike 45-60 min EASY, recovery based

Esse modelo é uma planilha de Excel. Dividimos as partes do treino que considero fundamentais. Pode ajustar para a sua realidade e dividir em quatro partes. O pré-treino, o que tem que fazer antes do treino, uma parte de técnica e força, a parte do *wod*, a parte mais metabólica explicada e o pós-treino, pós *wod*.

MACRO / MESO	MICRO	SEG Data	TER Data	QUA Data	QUI Data	SEX Data	SÁB Data	DOM Data	Controle de Carga Semanal
	Pré Wod								
	Téc. / Força								
	Wod								
	Pós Wod								
CONTROLE DE CARGA		Volume x PSE	Volume x PSE	Volume x PSE	Volume x PSE	Volume x PSE	Volume x PSE	Volume x PSE	Volume x PSE

Controle de padrão	
Joelho Bi	
Joelho Uni	
Quadril Bi	
Quadril Uni	
Fechar quadril	
Estabilização	
Empurrar vertical	
Empurrar horizontal	
Puxar vertical	
Puxar horizontal	

Controle de estímulo	
Potência Alática	
Resistência Alática	
Potência Lática	
Resistência Lática	
Potência Aeróbica	
Resist. Aeróbica	

Você pode manipular essa planilha de diversas formas adequando a sua realidade. Gosto dessas quatro divisões porque consigo diferenciar em cada uma delas o que vou trabalhar. Normalmente nas duas primeiras partes trabalho os elementos aláticos, na terceira parte trabalho os elementos láticos e aeróbicos e na última parte os movimentos láticos.

Vimos anteriormente que podemos colocar na última parte do treino alguns elementos aláticos, mas como foi explicado não é o sugerido, desse jeito quando vamos montar o treino já devemos ter na cabeça o que vai em cada parte. Acima os movimentos mais aláticos, na parte intermediária os aeróbicos ou láticos e na última parte os láticos. Somasse a isso aquele esquema proposto no capítulo sobre o mapa da ignorância. Isso facilita muito, não preciso mais ficar recorrendo a todo momento aos modelos que conhecemos nos capítulos anteriores.

E na parte de baixo os controles que considero necessários, primeiro um controle de padrão de movimento, dos estímulos, qual estímulo estou gerando. É importante periodizar pensando nos estímulos, pode periodizar simplesmente considerando os padrões de movimento, pode ter um controle das capacidades físicas. Montem os seus controles, utilizo um controle de estímulos e de carga, um controle de carga interna, usando esse *template* temos tudo na mão para montar um bom treino. O mais importante é seguir, nesse momento, o que foi planejado para o mesociclo, assim saberá exatamente se está dando certo no final de cada macro.

Agora montaremos uma semana para entender como realizamos, explicando o passo a passo dessa maneira acredito que ficará muito mais simples de entender e extrair qualquer dúvida que tenha.

	Meso 1 (Out)					Meso 2 (Nov)				Meso 3 (Dez)				Meso 4	
	25/set Sem 1	2/out Sem 2	9/out Sem 3	16/out Sem 4	23/out Sem 5	30/out Sem 6	6/nov Sem 7	13/nov Sem 8	20/nov Sem 9	27/nov Sem 10	4/dez Sem 11	11/dez Sem 12	18/dez Sem 13	25/dez Sem 14	1/jan Sem 15
Objetivo	Resistência Aeróbica / Aprimoramento de Técnica de Ginástica / Manutenção da Força e Resistência Anaeróbica				Deload	Força / Sistemas Energéticos / Técnica de LPO				Potência e Melhora da Técnica do LPO / Força dos Movimentos de Ginástica / Manut. Resit. Aeróbica e Anaeróbica				Resistência Aeróbica	
Intensidade	Recuperativo	Ordinário	Choque	Ordinário	Regenerativo	Introdutório	Ordinário	Choque	Choque	Introdutório	Ordinário	Choque	Choque	Ordinário	Ordinário

Observando esse quadro geral que faz parte de um macrociclo utilizado em 2020 com atletas que de *CrossFit*®, verão que dividimos os macrociclos em mesociclos.

Cada mesociclo tem uma ênfase maior, algo que pretendemos trabalhar de maneira secundária e ainda um terceiro objetivo de menor importância, mas que deve ser estimulado. Vejam na imagem os quatro primeiros mesociclos.

Após isso, separamos uma semana aleatória para montarmos cada dia. Escolhemos a semana 10 do mesociclo 3.

Lembrando que esse é um exemplo de atletas que competem em *CrossFit*®, entendam que os princípios que regem tudo que dissemos até aqui se aplicam tanto a esse modelo, como aos modelos expostos anteriormente, seguindo sempre as regras apresentadas.

Escolhemos o modelo de treino de *CrossFit*® como exemplo explicativo, pois, talvez, seja o modelo mais complexo de montagem de treino. Então se você conseguir entender como os elementos são encaixados até estar com toda programação semanal finalizada terá facilidade para seguir qualquer outro modelo. Após isso, a pratica te levará a perfeição.

Seguindo ao exemplo, partimos do *template* em branco, a planilha Excel, começamos pelo dia um.

			SEG		Controle de padrão	
MESO - 3	MICRO - 10		201125		Joelho Bi	
		Pré Wod	10' Mobilidade Front Rack		Joelho Uni	
					Quadril Bi	1
					Quadril Uni	1
		Téc. / Força	A: 5x 3-Position Clean #60% #65% #70% #75% #80%		Fechar quadril	
					Estabilização	
					Empurrar vertical	
					Empurrar horizontal	
					Puxar vertical	
					Puxar horizontal	
		Wod	B: 4x 1'30" 200m Row Máx Power Clean #60% 2' Rest PSE: 8		Controle de estímulo	
					Potência Alática	1
					Resistência Alática	
					Potência Lática	
					Resistência Lática	
		Pós Wod	C1: Stiff 3x12 (3110) C2: Elevação de Quadril Uni 3x 15 (cd)		Potência Aeróbica	
					Resist. Aeróbica	
	CONTROLE DE CARGA		60'x7= 350u.a.			

O que devo enxergar nesse dia, começo pela parte do **pré-treino** com 10 minutos de mobilidade para melhorar o Front Rack, porque teremos na parte técnica e de força um *clean*, então coloco um exercício de mobilidade específica do *clean*.

Na parte da técnica ou força iremos trabalhar seguindo o objetivo principal desse mesociclo: a potência e os elementos de LPO (levantamento de peso olímpico). Colocamos esse educativo do *clean* com uma carga alta que se chama *tri-position clean*. São três movimentos do *clean*, normalmente esses movimentos de potência são executados em menos de 10 segundos.

Na segunda parte, a parte do metabólico, são quatro estímulos de um minuto e meio, com dois minutos de descanso. Rema 200 metros e faz o máximo de *power clean* até completar um minuto e meio. Colocamos uma (PSE) percepção subjetiva de esforço de oito.

E no final uma parte mais hipertrófica, um *stiff* e depois uma elevação de quadril unilateral.

Importante! Esses elementos indicados, são anotados no controle de padrão de movimento como estímulos de quadril bilateral dos meus alunos, praticamente só fez *clean* e remo. Então no final colocamos um quadril unilateral para trabalhar o equilíbrio muscular da cadeia posterior do aluno, por isso anotei no controle de padrão os padrões de movimento que estimulei.

Na imagem mostramos o controle de estímulos, a qual colocamos quais foram os estímulos causados, potência alática na primeira parte com o *tri-posicion clean,* resistência lática, tanto no *wod* quanto na parte do pós *wod*. Foi o que trabalhamos no primeiro dia. É importante o controle de padrão e de estímulos para manter o objetivo geral da periodização, do mesociclo e do microciclo, mantendo o aluno equilibrado.

		TER
MESO - 3	MICRO - 10	201126
	Pré Wod	A1: Bar M.U. 3x10 Hollow- Superman barrra A2: 3x5 Bar to Hip
	Téc. / Força	B: Bar M.U. 5x 5 a 7 (<20") 2' Rest
	Wod	C: 4 x 15"' On / 45" Off 1- Máx Rope Climb 2- Máx Triple Under 3- Máx C2B 4- Rest
	Pós Wod	D1: Pull Up Strict 4x 10 (ERR 9) D2: Remada Uni DB 3x DS (4x80%+8x60%+12x40%)
	CONTROLE DE CARGA	60'x5= 300u.a.

Controle de padrão	
Joelho Bi	
Joelho Uni	
Quadril Bi	1
Quadril Uni	1
Fechar quadril	
Estabilização	
Empurrar vertical	
Empurrar horizontal	
Puxar vertical	1
Puxar horizontal	1

Controle de estímulo	
Potência Alática	1
Resistência Alática	1
Potência Lática	
Resistência Lática	2
Potência Aeróbica	
Resist. Aeróbica	

Agora vamos para o **segundo dia.** Colocamos movimentos de ginástica, que era o segundo objetivo desse mesociclo, trabalhar a força dos movimentos ginásticos. Uma parte preparatória para o movimento ginástico em si que é o movimento "B" *bar muscle up*, com cinco séries de cinco a sete repetições, todas menores que 20 segundos. Mesmo que o aluno consiga fazer mais de sete não é para fazer mais que 20 segundos. Precisava trabalhar esse elemento de maneira explosiva com bastante potência para que fosse menor que sete segundos e com descanso de dois minutos.

E na parte "C", a terceira parte do treino, colocamos estímulos de 15 segundos, trabalhando na máxima intensidade com 45 segundos de descanso, são estímulos de resistência alática.

E na parte "D" um pós *wod*, trabalhamos para completar os padrões de movimento de uma maneira mais perfeita, uma barra na força, *pull up strict* e uma remada com *dumbbell* unilateral.

Ao finalizar o dia lembrem-se de anotar os padrões de movimento. Circulamos de vermelho, no controle de padrão de movimento, marcando a puxada vertical e a puxada horizontal, que foram os movimentos utilizados. No meio tem um *triple under* que é um movimento que trabalha bastante potência de perna e panturrilha, mas não anoto já que não tenho esse padrão de movimento, se tivesse por exemplo um *wall ball* teria que colocar um joelho bilateral. Entendam que anoto somente os padrões de movimento realizados naquele dia.

Depois das anotações do controle de estímulos foi acrescentado a resistência alática, como mostra em destaque na imagem, e foi acrescentado também a resistência lática estimulada na parte "D". Na parte "C" do treino, são 15 segundos fazendo e 45 segundos descansando, essa é a parte de resistência alática, lembrado que o descanso deve mudar completamente o estímulo em caso de pessoas com menor condição cardiorrespiratória.

			QUA	Controle de padrão	
MESO – 3	MICRO – 10		201127		
		Pré Wod		Joelho Bi	
				Joelho Uni	
			10' Soltura e Mobilidade	Quadril Bi	2
				Quadril Uni	1
		Téc. / Força	A1: Snatch Push Press 3x4 45%RM Snatch	Fechar quadril	
				Estabilização	1
				Empurrar vertical	1
			A2: Balance Snatch 3x3 50-70%RM	Empurrar horizontal	
			A3: Snatch Pull 3x2 110%RM	Puxar vertical	1
				Puxar horizontal	1
		Wod	B: 30' Row PSE 3/4	Controle de estímulo	
				Potência Alática	2
				Resistência Alática	1
				Potência Lática	
				Resistência Lática	2
		Pós Wod	C: Prancha c/ Carga 4x 1'	Potência Aeróbica	
				Resist. Aeróbica	1
		CONTROLE DE CARGA	60'x4=240u.a.		

Passamos para o **terceiro dia** de treino. Começamos com 10 minutos de soltura e mobilidade, uma recuperação dos outros dois dias. Realizamos um trabalho de LPO (levantamento de peso olímpico) um *snatch*, em um trabalho mais técnico com cargas relativamente fáceis para aqueles exercícios. Não foi um *snatch* propriamente dito, mas sim três exercícios educativos do *snatch*.

Depois na terceira parte do treino, a parte "B", foram 30 minutos de remo com (PSE) percepção subjetiva de esforço entre três e quatro. Um trabalho basicamente de resistência aeróbica.

Na parte "C" trabalhamos um pouco do *Core* e anotamos no controle de padrão de movimento uma estabilização. Na parte do *snatch* fizemos um movimento de quadril bilateral, empurramos na vertical, principalmente no *snatch push press* e *snatch balance*. Não considerei o joelho bilateral porque foi uma carga muito leve, o movimento foi muito mais de membros superiores nesse caso. Se fizesse um volume grande poderia até considerar um trabalho de quadríceps, mas o *snatch*, ainda mais nesse volume é muito mais de ombro do que propriamente de joelho. Já na parte de controle de estímulos colocamos a resistência aeróbica, esse remo de 30 minutos e potência alática na parte do *snatch*. Fechamos assim os três primeiros dias.

O **quarto dia** de treino desse microciclo era um dia de descanso. Sendo três dias de treino, um dia de descanso e mais dois dias de treino. Optamos por um dia de descanso completo por estarmos em uma semana introdutória, com objetivo de possibilitar melhor adaptação aos novos estímulos. Mas perceba que nesse dia é possível realizar atividades de mais baixa intensidade e impacto, como um trabalho de flexibilidade, natação, bicicleta, etc. Esse mesmo modelo pode ser utilizado para cinco dias de treinamento em sequência, mas nesse caso a quinta-feira foi um dia de descanso.

			SEX	Controle de padrão	
MESO - 3	MICRO - 10		201129	Joelho Bi	1
		Pré Wod	10' Mobilidade de Quadril	Joelho Uni	1
				Quadril Bi	3
				Quadril Uni	1
		Téc. / Força	A1: Squat Clean Tng EMOM 9' 2reps 1'-3' 70%RM 4'-6' 75%RM 7'-9' 80%RM A2: 3x 1 DL Clean + 2 Clean high Pull 80%RM A3: Front Squat 4x3 #80%	Fechar quadril	1
				Estabilização	1
				Empurrar vertical	1
				Empurrar horizontal	
				Puxar vertical	1
				Puxar horizontal	1
		Wod	B1: 3x 60" Máx TTB (UB) Máx Cal Bike 2' Rest PSE: 8/9 5' a 7' Rest B2: 4 x 3' Bike # +4 rpm 3' rest	Controle de estímulo	
				Potência Alática	3
				Resistência Alática	1
				Potência Lática	1
				Resistência Lática	3
				Potência Aeróbica	
				Resist. Aeróbica	1
		Pós Wod	C1: Avanço Front Rack 3 x 40m C2: GHD Sit Up 5 x 15 a 20		
		CONTROLE DE CARGA	80'x6=480u.a.		

Estamos vendo o **treino de sexta-feira,** o quarto dia de treinos da semana. Começamos com uma mobilidade de quadril, passamos para um *squat clean*, um estímulo de potência alática mais pesado com aumento de carga, e depois uma parte de força do *front squat* e na parte do metabólico foram três séries de 60 segundos com dois minutos de descanso e potência lática na parte do metabólico com cinco a sete minutos de descanso.

Passamos para o "B2", ainda dentro do metabólico, quatro séries de três minutos de *bike*, mantendo um RPM com quatro RPM's a mais do que o teste de 10 minutos do aluno, com três minutos de descanso, resistência lática, um treino bem exigente em relação a produção de lactatos, são quatro estímulos de três minutos.

E por último, um avanço frontal, que no lugar dos passos colocamos metros. Isso é comum em campeonatos de *CrossFit*®, e depois foi acrescentado um trabalho de fechar quadril com GHD *situp*.

No controle de padrão acrescentamos a parte de joelho bilateral, quadril bilateral e joelho unilateral. Esses foram os elementos utilizados nesse treino. E um elemento de *Core* dinâmico de fechar quadril. Como não é simplesmente uma estabilização, é um movimento muito mais de força dinâmica de fechar o quadril do que de fortalecimento do *Core*, usa-se muita flexão de quadril não só de abdômen, por esse motivo, no controle, eu separo o que é trabalho de estabilização do *Core* do que é movimentos de fechar o quadril, como este.

E no controle dos estímulos colocamos potência alática na primeira parte, potência Lática na segunda parte e a resistência lática na terceira. Esse avanço frontal é resistência lática, são 40 metros, não especifiquei a carga. O objetivo é que seja difícil, seria aproximadamente um minuto e meio, um minuto e 40 segundos para cumprir esses 40 metros com uma carga condizente. A resistência lática também entrou na terceira parte.

MESO - 3	MICRO - 10		SÁB
			201130
		Pré Wod	Split Jerk A1: Jerk Balance 3x3 A2: Jerck From Split 3x3
		Téc. / Força	B1: Split Jerk 5x2 70-85% B2: Supino 4x3 #80%
		Wod	For Time: 100DU 15 Kipping Pull Up 15 S2O 50/30kg 5 Ring M.U. 50DU 15 Kipping Pull Up 15 S2O 50/30kg 5 Ring M.U. 7' Rest Repete PSE: 4/5
		Pós Wod	D1: 4x 50m HSW D2: Cricifixo 3xDS Remada Curvada Supinada 3x12 D3: Farmer Carry Uni 4x50m
CONTROLE DE CARGA			70'x5=350u.a.

Controle de padrão	
Joelho Bi	1
Joelho Uni	1
Quadril Bi	3
Quadril Uni	1
Fechar quadril	1
Estabilização	2
Empurrar vertical	2
Empurrar horizontal	1
Puxar vertical	2
Puxar horizontal	2

Controle de estímulo	
Potência Alática	4
Resistência Alática	1
Potência Lática	1
Resistência Lática	4
Potência Aeróbica	1
Resist. Aeróbica	1

Controle de Carga Semanal
1720

E vamos para o **último dia de treino.** Nesse caso foi no sábado, trabalhamos com outro elemento de LPO (levantamento de peso olímpico), *split jerk, jerk balance e jerk from split*, são técnicas para o desenvolvimento do Jerk. Na segunda parte começamos a colocar uma carga, trabalhando não só a técnica, mas também a potência alática do aluno, desenvolvimento de potência mesmo com *split jerk* e depois foi acrescentado um supino. São quatro séries de três repetições com 80% de carga. Foi acrescentado o supino para equilibrar o corpo do aluno que até agora não havia empurrado, principalmente no ângulo horizontal.

Seguimos para o *wod*, fizemos um *for time* que demoraria cerca de sete minutos, é potência aeróbica, um treino mais com cara do *CrossFit*® mesmo, para deixar os atletas estimulados e mais parecido com campeonato. Estimulamos vários exercícios, colocamos elementos de ginástica, com descanso de sete minutos e repetia. O objetivo era conseguir fazer o mais forte possível abaixo de sete minutos, além de alcançar uma recuperação perfeita para que pudessem repetir esse treino e conseguir igualar a primeira passagem. Mantive a (PSE) percepção subjetiva de esforço entre quatro e cinco. Ultrapassar esse esforço pode levar a produção de lactato impedindo a repetição.

E na última parte do treino foram quatro vezes de 50 metros de remo, *hand stand walk* e completei equilibrando o corpo do aluno com crucifixo, uma remada supinada para que trabalhasse outra puxada e por último um elemento de estabilização de *Core*, um *farmer carry uni*.

No controle de padrão foi acrescentado a estabilização, os movimentos de empurrar, tanto na horizontal quanto na vertical porque temos o *push press* e o *shoulder overhead* no meio do *wod*, a puxada na barra do *kipping* do *wod* e a remada supinada no pós *wod*, consegui assim equilibrar os estímulos do meu aluno.

No controle de estímulos foi acrescentado potência alática e potência aeróbica, além da resistência lática realizada na parte "D" do treino. Foi o único treino da semana que trabalhamos a potência aeróbica.

É importante identificar que finalizei essa semana cumprindo o objetivo do mesociclo.

Podemos ver na imagem da página 298, o objetivo número um do mesociclo 3: **potência e melhora da técnica de LPO.** Vejam quantos estímulos de potência alática foram dados, todos os trabalhos dessa potência que trabalhamos nos elementos de LPO cumpriram o objetivo principal, por isso tantos estímulos.

Controle de estímulo	
Potência Alática	4
Resistência Alática	2
Potência Lática	2
Resistência Lática	3
Potência Aeróbica	1
Resist. Aeróbica	1

Meso 3			
		Dez	
27/nov	4/dez	11/dez	18/dez
Sem 10	Sem 11	Sem 12	Sem 13
Potência e Melhora da Técnica do LPO			
Força dos Movimentos de Ginástica			
Manut. Resit. Aeróbica e Anaeróbica			
Introdutório	Ordinário	Choque	Choque

O segundo objetivo era a **força dos movimentos de ginástica.** Analisando todos os dias da semana você percebe que foram utilizados elementos de ginástica, na parte de técnica e de força ou na parte do *wod*, sempre com um volume um pouco mais alto ou repetido.

O terceiro objetivo desse mesociclo era trabalhar a **resistência anaeróbica, a resistência lática,** por isso também tantos estímulos. O controle de estímulos da semana deve ser condizente com os objetivos do mesociclo. Essa era a semana 10. A característica desse microciclo era ser introdutório, podemos ver que as cargas não eram tão altas, a carga máxima foi de 80%.

Se fosse uma semana de choque poderíamos chegar a 85%, 90%, 95%, mas era a primeira semana desse mesociclo, uma semana introdutória, mantivemos os estímulos um pouco mais baixo até 80%. E os estímulos foram condizentes com os nossos objetivos do mesociclo, potência e melhora da técnica de LPO (levantamento de peso olímpico), por isso causamos mais potência alática, força dos movimentos de ginástica. Analisando a semana você percebe muitos movimentos de ginástica, todos trabalhando para o desenvolvimento de força e finalmente a resistência anaeróbica, resistência alática, foi o que estimulamos em segundo lugar.

Percebam como esse controle te ajuda a manter a linha de raciocínio que fez lá no começo da sua periodização, quando programou o macrociclo e dividiu os mesociclo. Só consegue atingir o resultado final se no trabalho diário, na montagem de treino a sua programação for harmônico com o desenho do seu mesociclo. Isso é muito importante e não é tão automático, fiquem atentos.

Já nessa parte do controle de padrões de movimentos, se não garantir um equilíbrio nos padrões de movimentos causará uma lesão futura no seu aluno. Se desequilibrar o aluno jogando muitos movimentos durante a semana e em um único padrão de movimento irá sobrecarregar aquela articulação.

É normal no caso do *CrossFit*®, que era o caso dessa periodização, ter um acúmulo maior do quadril bilateral, principalmente na fase que trabalhamos muito LPO (levantamento de peso olímpico), porque no LPO trabalhamos muito o movimento de abrir o quadril, e o que equilibra abrir o quadril normalmente é a estabilização e fechar o quadril. Então quando olhamos a imagem de forma geral podemos notar que conseguimos manter esse equilíbrio.

Controle de padrão	
Joelho Bi	1
Joelho Uni	1
Quadril Bi	3
Quadril Uni	1
Fechar quadril	1
Estabilização	2
Empurrar vertical	2
Empurrar horizontal	1
Puxar vertical	2
Puxar horizontal	2

Alguns autores fazem outras divisões, não importa qual, mas você deve utilizar alguma, gosto muito dessa, principalmente no *CrossFit®*, pode pegar esse empurrar vertical e horizontal e ainda dividi-lo em lateral e bilateral. É possível fazer de diversas formas, desde que tenha um controle de padrão de movimento.

Trouxe um outro elemento nessa planilha no geral. Podemos ver que existe um controle de carga e no final de cada dia tenho a percepção subjetiva de esforço do treino como um todo, não só do *wod*, mas do treino todo, de 0 a 10, e já calculada com o tempo de duração da sessão. Esse é um tema muito profundo e supernovo, que não entrarei agora, sem dúvidas é algo para um próximo livro, que aborde de maneira mais aprofundada a periodização e o controle de carga.

Por hora, vamos explicar de maneira breve como utilizar o *template* e entender a fórmula.

CONTROLE DE CARGA	
SEG	60'x7= 350u.a.
TER	60'x5=300u.a.
QUA	60'x4=240u.a.
QUI	0
SEX	80'x6=480u.a.
SÁB	70'x5=350u.a.
DOM	0
Controle de Carga Semanal	1720

Multiplicando o tempo da sessão pela percepção subjetiva do esforço terá a carga do treino em unidades arbitrárias e somando isso terá a carga semanal. Isso já tem no *template* fornecido, na última linha da planilha tem o controle de carga.

Some os sete dias, porque se quiser colocar elementos na planilha que vocês têm acesso, aquele quadro mais embaixo a direita, o controle de carga semanal, ele já está até somado. Ela já tem essa fórmula, basta multiplicar o tempo da sessão pela percepção subjetiva de esforço (PSE) e completar.

Nos primeiros treinos da semana temos 60 minutos de treino e o PSE de sete no primeiro dia, cinco no segundo dia e quatro no terceiro dia, ou seja, comecei a semana com uma intensidade mais alta e fui descendo. No quarto dia zerou, no quinto dia subiu, e percebam como sobe mais. Essa é uma característica que gosto muito de utilizar, de ser o quinto dia o dia mais pesado da semana, porque o aluno já veio treinando, teve um descanso e tem o quarto dia mais pesado. Foi o treino mais longo, foram 80 minutos com um PSE de seis e no quinto dia baixa um pouco para 70 minutos de treino com um PSE cinco.

Multiplicamos tudo e obtivemos uma carga semanal de 1720, é importante que tenham esse controle para não causar no seu aluno um *spike*, que é um pico de estresse. Se de uma semana para a outra tiver um aumento superior a 15% nessa carga semanal teve um *spike*, e a literatura nos diz que nos próximos 10 dias depois de um *spike* é muito comum ter lesões.

Quarenta por cento das lesões são associadas, são decorrentes de um *spike*, aproximadamente em 10 dias depois desse *spike*. Por isso é importantíssimo esse controle. Não vou me aprofundar no controle de carga, mas é a planilha que utilizo por isso passo para vocês, com esses dados você consegue fazer vários outros cálculos de controle de carga.

Esse é um outro modelo de alunos intermediários, normalmente são alunos que não treinam todos os dias, neste caso um aluno que treina três vezes na semana. O importante desse exemplo é o controle, principalmente dos padrões de movimento. Foram estímulos na segunda-feira, na quarta-feira e na sexta-feira, terça-feira e quinta-feira ele descansou.

			SEG	TER	QUA
			190510	190511	190512
MESO - 6	MICRO - 19	Pré Wod	A: Arremesso med ball frente(sem avanço, pés paralelos)10x	-	A: 4 x deslocamento lateral em posição de espectativa 10m
		Téc. / Força	B1: Deadlift Uni 3x 15 B2: Press DB 3 x 15	-	B: EMOM 12' 1- 5 Avanço no Lugar (e) 2- 5 Avanço no Lugar (d) 3- 5 Remada ALta c/ barra 4- 7 V-sit up
		Wod	C: 3x AMRAP 6' 15 Wall ball 15 Ring Row 15 cal Bike Rest o tempo que sobrar	-	C1: Supino DB 3x 5 C2: Sumoeadlift 3x 5
		Pós Wod	D: PranchaVentral 3 x 1'	-	D: 8x 1' Row (ritmo 2k teste) 30" rest
CONTROLE DE CARGA					

Controle de padrão	
Joelho Bi	2
Joelho Uni	1
Quadril Bi	1
Quadril Uni	2
Fechar quadril	1
Estabilização	2
Empurrar vertical	2
Empurrar horizontal	1
Puxar vertical	1
Puxar horizontal	2

QUI	SEX	SÁB	DOM
190513	190514	190515	190516
-	A: Skipping c/ Tração 4x10"/50"	-	-
-	B1: Front Squat 4x8 (ERR 8,5) B2: Press 4x8 (ERR 8,5) B3: Stiff Uni 4x8 (ERR 8,5) B4: Remada Uni DB 4x8 (ERR 8,5)	-	-
-	C: 4x 200m run 2' Rest	-	-
-	D: Farmer Carry Uni 3x 20m (cd)	-	-

Controle de Carga Semanal

Controle de estímulo	
Potência Alática	2
Resistência Alática	1
Potência Lática	1
Resistência Lática	1
Potência Aeróbica	1
Resist. Aeróbica	

Assim o controle de carga não é tão importante, tanto que está em branco na planilha, mas é importante o controle de padrão de movimentos e o controle dos estímulos.

Essa é a parte mais importante para os alunos intermediários, aquele seu aluno que visa a saúde, ter o controle de padrão de movimentos e o controle de estímulos vai de encontro ao objetivo dele. Lembrem no começo quando disse que para atletas era fundamental periodizar e para os alunos que visam saúde o importante era programar, essa é a parte mais importante para o aluno que visa saúde, deve olhar para essa programação e ver controles equilibrados.

Esse aluno treina três vezes por semana, por isso tem duas vezes estímulos de joelho bi e duas vezes o quadril uni, no quarto treino dele tudo estará em dois. Será estimulado duas vezes em cada padrão de movimento no quarto treino. Existem vários outros modelos.

O mais importante é que tenha esse controle, evitando que o seu aluno faça muita barra e nenhum supino, ou pode estar fazendo muito supino, o que acontece muito na musculação, e nenhum elemento de força de puxar. Esse controle é fundamental para o aluno que visa saúde porque manterá o corpo dele equilibrado.

E o controle de estímulos, nesse aluno estávamos estimulando mais o desenvolvimento da força, então é normal que tenha mais potência alática, se o objetivo é o emagrecimento terá mais potência aeróbia e resistência aeróbica.

Controle de padrão	
Joelho Bi	2
Joelho Uni	1
Quadril Bi	1
Quadril Uni	2
Fechar quadril	1
Estabilização	2
Empurrar vertical	2
Empurrar horizontal	1
Puxar vertical	1
Puxar horizontal	2

Controle de estímulo	
Potência Alática	2
Resistência Alática	1
Potência Lática	1
Resistência Lática	1
Potência Aeróbica	1
Resist. Aeróbica	

Importantíssimo ter esse controle, esses dois controles são imprescindíveis para programar, para seguir uma linha de raciocínio no seu treino. Vimos na prática como utilizar, agora você deve montar o treino utilizando esses elementos, utilizando ou não o *template*, mas implemente esses controles. Pratique! É importantíssimo que pratique, faça diversos tipos de treino para tirar todas as suas dúvidas e utilizar tudo isso na prática do seu dia a dia.

CROSS TRAINING NA SALA DE MUSCULAÇÃO E A HIPERTROFIA

Existe um preconceito que as pessoas acham que não conseguem trabalhar o *Cross* fora do universo estético que o *CrossFit*® trouxe para o Brasil. É possível um modelo de assessoria de corrida com os princípios do *Cross*, é possível trabalhar com *Cross* dentro de academia tradicional, dentro de academias de prédio, na sala de estar de alguns clientes, tudo é possível, desde que saiba como.

Podemos trabalhar em uma periodização de preparação física de qualquer esporte no modelo *Cross*, é assim que se faz desde os anos 70.

Se entender os princípios, aplicará mesmo em uma sala de musculação. A musculação é só um modelo, só o meio, o que importa aqui são os métodos. Usará os meios disponíveis na sala de musculação, mas com a sistemática do *Cross Training*, mesclando diferentes métodos para alcançar um trabalho mais abrangente que envolva várias capacidades físicas, cada dia um treino novo, hipertrofia, flexibilidade, sistema cardiorrespiratório, sempre ensinando e melhorando a técnica do seu aluno, estimulando para chegar ao nível de execução com cargas altas dos movimentos.

Lembre-se dessa sequência de aplicação do treino:

SESSÃO DE TREINO
Aquecimento
Mobilidade
Potência / Agilidade / Técnica
Força
Complexos
Metabólicos
Preventivo de lesão
Core Training
Recovery

Utilizando essa sequência você pode trabalhar exercícios de peso livre, nem que seja no começo só explicando a técnica, será leve, aos poucos vai tirando a pessoa da máquina. É perfeitamente possível trabalhar agilidade e utilizar métodos de desenvolvimento de potência com saltos por exemplo.

Um ótimo mercado é o da correção postural, que se trabalha com métodos de mobilidade e ativação, mobiliza as articulações rígidas, alonga os músculos que estão encurtados e ativa os músculos que estão desativados, para corrigir a postura.

Diga para o aluno da musculação que quer melhorar a postura dele, quer tirar essa dor na lombar, fazer um peso livre, você possui conhecimento, na hora de montar o treino se dedique à anatomia básica.

Pense em utilizar um método de *powerlifting* com seu aluno que quer hipertrofia, em aprender um método de alta intensidade para utilizar nas *bikes* ou esteiras.

Lembre-se da suspensão de crença. Tudo é totalmente aplicável. Monte o treino e chegue a um modelo próximo.

É um mercado que só cresce, aprenda os movimentos mais complexos, treine também. Faça um treino uma vez por semana, aprenda os movimentos complexos e aplique nos alunos. Quando todos quiserem fazer treinamento com peso livre, você abre um estúdio.

Dentro de um dos maiores nichos do mercado, a hipertrofia, a maioria das pessoas acham que têm que ir para uma sala de musculação para ganhar massa, então vá lá e aplique o *Cross* mesclando o trabalho de *powerlifting*, tiros e métodos de mobilidade, você vai se destacar rapidamente com resultados fantásticos.

Existem **dois tipos de hipertrofia**, a sarcoplasmática e a tensional ou miofibrilar. A **sarcoplasmática**, resumindo muito, é a hipertrofia gerada pelo sistema de resistência lático, de resistência de força, usamos a expressão *timer undertension*, e utilizamos estratégias para aumentar a tensão.

No outro tipo de hipertrofia, a **tensional ou miofibrilar**, trabalhamos a força, estendendo até gerar dano muscular. O que gera a hipertrofia é o dano muscular. Ocorre aqui um dano causado pela falha mecânica. Nada melhor para gerar esse tipo de hipertrofia do que métodos de *powerlifting*.

Quando montamos o treino de sete repetições com 75% da carga estamos gerando hipertrofia, pode ter um bloco inteiro.

Três elementos devem estar presentes em um treino de hipertrofia: estresse metabólico, dano muscular e tensão mecânica. Devemos garantir esses elementos no treino do nosso aluno.

Geramos dano muscular e tensão mecânica com cargas altas, grandes amplitudes, controle de velocidade de execução, variação de ângulos (modificando pegadas, elementos e exercícios) e variação na tensão (variando entre cabo, elásticos, correntes, etc).

E provocamos estresse metabólico por meio do trabalho da via anaeróbica láctea, ou seja, por meio do *timer undertension, drop-set, bi-set, rest-pause-fatigue,* isometrias, etc.

O objetivo aqui é que você consiga ter dinheiro e passe a recusar trabalho, tamanha será a demanda.

Muitos têm preguiça de trabalhar, querem passar do recém-formado para trabalhar cinco horas por dia e ganhar 20 mil por mês. Até pode atingir isso, mas antes terá que trabalhar 12 horas por dia para ganhar cinco mil, depois 12 horas por dia para ganhar 10 mil e depois 12 horas por dia para ganhar 20 mil. Aí começará a trabalhar oito horas por dia para ganhar 16 mil, depois oito horas por dia para ganhar 20 mil, depois seis horas por dia para ganhar 15 mil. Até chegar nas seis horas por dia para ganhar 20 mil e assim por diante.

Se quiser pular etapas, irá se frustrar. O intuito ao produzir esse conteúdo está muito ligado há um verdadeiro senso de missão.

> Quero que a nossa área cresça, se eleve, que cada um tenha seu próprio estúdio em curto prazo e esteja com segurança financeira.

Pratique, monte treino para você e para seus amigos, faça os treinos, pratique, tenho certeza de que descobrirá o que está errado e o que está certo quando começar a praticar. Aprenda os movimentos, quando souber fazer o movimento saberá ensinar.

Saberá como ensinar um aluno que tenha uma dificuldade, pois teve a mesma dificuldade, não precisa virar um atleta, mas aprenda a fazer o movimento bem-feito.

Que Deus abençoe!
Bons estudos e bons treinos!

ROSSCROS
AININGTRAININ
ROSSCROS
AININGTRAININ
ROSSCROS
AININGTRAININ
ROSSCROS
AININGTRAININ
ROSSCROS
AININGTRAININ
ROSSCROS
AININGTRAININ

Citações e listas de leitura

DANTAS, E. H. M. *A prática da preparação física*. 5ª ed. Rio de Janeiro: Shape, 2003.

Matsudo VKR. *Testes em Ciência do Esporte*. São Paulo, CELAFISCS. 1983.

WEINECK, J. *Treinamento Ideal*. 9ª Ed. São Paulo: Ed. Manole, 1999

https://www.researchgate.net/publication/344157563_LEV_PAVILOVCH_MATVEEV_carga_e_periodizacao/link/5f-567d67a6fdcc9879d6234c/download

Harries, S. K., Lubans, D. R., & Callister, R. (2015). *Systematic Review and Meta-analysis if Linear and Undulating Periodized Resistance Training Programs on Muscular Strength*. Journal of Strength and Conditioning Research.

Stegeman J. *Exercise physiology*. Chicago, IL: Year Book Medical Publishers;1981

Coffey VG, Hawley JA. *Concurrent exercise training: do opposites distract?* J Physiol. 2017;595:2883-96.

Plisk SS, Stone MH. *Periodization strategies*. Strength Cond J. 2003; 25(6): 19-37.

Lorenz DS, Reiman MP, Walker JC. *Periodization: Current review and suggested implementation for athletic rehabilitation.* Sports Health. 2010;2(6):509-518.

Effects of specific versus cross-training on running performance. Foster C, Hector LL, Welsh R, Schrager M, Green MA, Snyder AC Eur J Appl Physiol Occup Physiol, (4):367-372 1995 MED: 7649149

Tanaka, H. *Effects of Cross-Training.* Sports Med 18, 330–339 (1994). https://doi.org/10.2165/00007256-199418050-00005

Burke, Edmund R. Ph.D., C.S.C.S., . *The Wisdom of Cross Training. Strength and Conditioning* 16(1):p 58-60, February 1994. Antônio Carlos Gomes e Ney Pereira, Cross Training – Uma abordagem Metodológica (1992)

Greg Glassman, *CF training Guide*

Hiit Body Work, Alexandre F. Machado, Lura Editorial. 1ª Ed. São Paulo, 2022

Platonov, V.N. *Tratado Geral de Treinamento Desportivo;* São Paulo Phorte Editora, 2008

Starrett, Kelly, and Glen Cordoza. *Becoming a Supple Leopard: The Ultimate Guide to Resolving Pain, Preventing Injury, and Optimizing Athletic Performance.* Second edition, updated and expanded. Las Vegas, Victory Belt Publishing Inc, 2015.

McMahon GE, Morse CI, Burden A, Winwood K, Onambélé GL. *Impact of range of motion during ecologically valid resistance training protocols on muscle size, subcutaneous fat, and streng-*

th. J Strength Cond Res. 2014 Jan;28(1):245-55. doi: 10.1519/JSC.0b013e318297143a. PMID: 23629583. (http://journal.crossfit.com/2009/03/intensity-and-its-role-in-fitness.tpl)

Antônio Carlos Gomes (2002) *Treinamento Desportivo – Estruturação e Periodização*

VERKHOSHANSKI, Y.V. *Força: Treinamento da potência muscular/Método de choque.* CID 1998, 2º edição

BARROS, Turibio; GHORAYEB, Nabil. *O exercício.* São Paulo: Atheneu, 1999.

KATCH, F.I., McARDLE, W. D. *Nutrição, exercício e saúde.* Porto Alegre: Ed. Médica e Científica, 1996. 657p.

WEINECK, J. *Fundamentos do Treinamento de Força Muscular* – 2ª edição - São Paulo – SP. Editora Manole. 1999.

Poliquin, C. (1988). *Five ways to increase the effectiveness of your strength training program.* National Strength and Conditioning Association Journal, 10(3), 34-39. Harries, 2015

Rhea MR, Phillips WT, Burkett LN, et al. *A comparison of linear and daily undulating programs with equated volume and intensity for local muscular endurance.* J Strength Cond Res. 2003; 17:82-87.

Plisk SS, Stone MH. *Periodization strategies.* Strength Cond J. 2003; 25(6): 19-37.

Issurin V. *Block periodization versus traditional training theory: a review.* J Sports Med Phys Fitness 2008; 48 (1): 65-75

Coffey VG, Hawley JA. *Concurrent exercise training: do opposites distract?* J Physiol. 2017;595:2883-96.

Petré, H., Hemmingsson, E., Rosdahl, H. et al. *Development of Maximal Dynamic Strength During Concurrent Resistance and Endurance Training in Untrained, Moderately Trained, and Trained Individuals: A Systematic Review and Meta-analysis.* Sports Med 51, 991–1010 (2021). https://doi.org/10.1007/s40279-021-01426-9

Tibana A.R, Manuel Frade de Sousa N, Prestes J, da Cunha Nascimento D, Ernesto C, Falk Neto JH, et al. *Is Perceived Exertion a Useful Indicator of the Metabolic and Cardiovascular Responses to a Metabolic Conditioning Session of Functional Fitness?* Sports 2019;7(7):161.